〖世界500强高效管理笔记〗

像大公司一样起舞

李世化 ◎ 著

中国商业出版社

图书在版编目（CIP）数据

像大公司一样起舞 / 李世化著. —北京：中国商业出版社，2018.7

（世界500强高效管理笔记）

ISBN 978-7-5208-0457-8

Ⅰ.①像… Ⅱ.①李… Ⅲ.①企业管理 Ⅳ.①F272

中国版本图书馆CIP数据核字（2018）第146478号

责任编辑：唐伟荣

中国商业出版社出版发行
010-63180647　www.c-cbook.com
（100053　北京广安门内报国寺1号）
新华书店经销
北京彩虹伟业印刷有限公司印刷

*

710×1000毫米　1/16　17.5印张　230千字
2018年8月第1版　　2018年8月第1次印刷
定价：48.00元

*　*　*　*

（如有印装质量问题可更换）

前　言

　　世界 500 强企业为什么能够成功？杰克·韦尔奇可以为你回答："把复杂的问题简单化，把混乱的事情规范化。这是一个顶级管理者之所以成功的秘诀。"

　　当今世界，经济全球化与一体化愈来愈明显，企业之间的竞争也越来越激烈。

　　在激烈的国际竞争中，一大批优秀的企业与顶级管理者脱颖而出。他们或是带领着自己的企业冲破发展的瓶颈，开创出辉煌业绩；或是带领着企业走出困境，逐步走向强大。

　　被誉为 CEO 中 CEO 的杰克·韦尔奇，在经营通用电气公司的 20 年间，通过改革和创新，上演企业复兴神话，使通用市值暴涨 20 倍，排名一度上升到第一位。

　　IBM 的 CEO 郭士纳，在蓝色巨人将要倒下的时候挑起重担，数十年如一日，执着追求，在其独特的管理模式带领下，IBM 重新焕发了生机并且发展得更为强大。

　　……

　　经济世界因为这些顶级管理者的出现而更加精彩。但是大家要知道，顶级管理者们的成功不是偶然，而是靠自己的智慧和技巧来实现的。这些成功的顶级管理者具备非同寻常的素质与能力，具有出奇制胜的经营策略和卓有成效的管理模式，所以他们才能灵活自如地应付风云多变的市场、日益激烈的竞争。

所有的管理者都希望自己的企业成功，每每看到别人取得成功，就会习惯性地为之欢呼。我们不仅要欢呼，还要仔细地寻找他人成功的方法和技巧，以不断调整自己的策略。在这种情况下，世界顶级管理者就成了我国企业经营管理者学习的榜样。

比如，杰克·韦尔奇就认为："CEO要知道什么时候应该干涉，什么时候应该放手去做，这些都是管理的技巧。"而"日本经营之神"松下幸之助则认为沟通最重要，他曾多次表示："企业管理过去是沟通，现在是沟通，将来还是沟通。"

……

不管这些顶级管理者的成功秘诀存在着什么样的差异，有一样是肯定的，那就是他们的这些管理技巧绝对值得我们去学习。本书详细介绍了优秀世界500强企业的管理理念、经营智慧、组织文化，帮助经营者与管理者把自己的企业做大、做优、做强。只要认真研习、勤于实践，一定能让你们的企业像大公司一样起舞，迈向卓越发展之路。

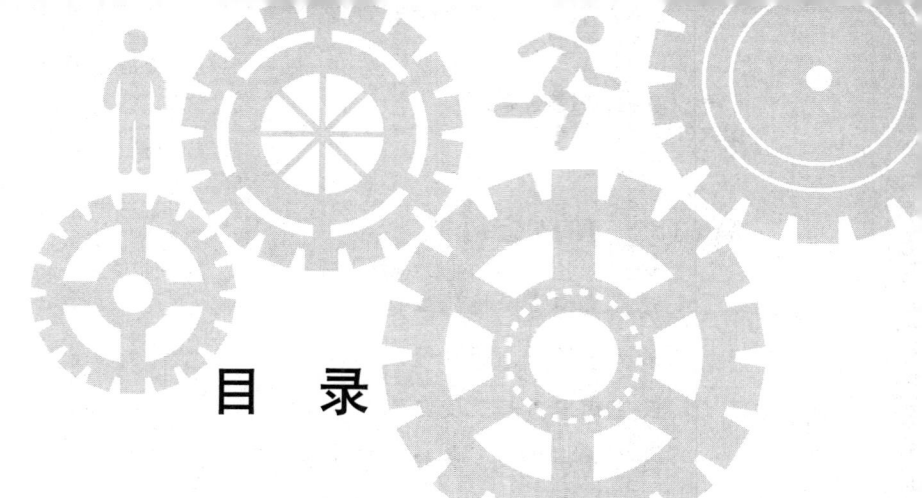

目　录

第 01 章　通用电气公司

拆毁所有阻碍沟通和找出好想法的"高墙"　　002
像小公司一样行动　　006
破除官僚主义，做轻巧企业　　010
管理得越少越好　　015
只走一条路——正直　　020
不能从失败中吸取教训就是罪过　　026

第 02 章　松下电器产业株式会社

不该管的事让别人去管　　030
指挥千军万马，不如善点良将　　033
让最合适的人做最合适的事　　035
最重要的工作是提出愿景并激励他人为此奋斗　　038
员工的热情源自对企业未来的信心　　040
培养人才是一种战略性投资　　042

第 03 章　IBM 公司

让员工拥有弹性的工作计划　046
着眼于结果，树立绩效意识　049
改变环境不如改变自己　052
选人才事业兴，选奴才事业衰　054

第 04 章　索尼公司

没有永远的错误，只有不断改进后的正确　058
给下属一个自由的空间　061
员工考核一定要实事求是　064

第 05 章　柯达公司

产品研发与生产必须简单　068
制度引爆潜能　071

第 06 章　吉列公司

把责任种在脑袋里　076

第 07 章　诺基亚公司

只需管头管脚　082
鼓励员工做到最好　084

第 08 章　苹果公司

寻找新的产品目标　088

创新是企业之魂　　　　　　　　　　　　　　　092
　　狂热的苹果信徒　　　　　　　　　　　　　　096

第09章　沃尔玛公司

　　通过有效的沟通处理企业内部冲突　　　　　　100

第10章　微软公司

　　管理者的欣赏是员工进步的最大动力　　　　　106
　　奖励失败，不只是奖励成功　　　　　　　　　108

第11章　海尔集团

　　OEC 管理模式　　　　　　　　　　　　　　　112
　　赛马不相马　　　　　　　　　　　　　　　　114
　　制度是管理的法宝　　　　　　　　　　　　　118

第12章　杜邦公司

　　别过于依仗家族成员　　　　　　　　　　　　122

第13章　麦当劳公司

　　打破一成不变的管理模式　　　　　　　　　　128
　　多样化的人才与后备人才的储备　　　　　　　130

第14章　惠普公司

　　永远不要对你的员工颐指气使　　　　　　　　136

把诚信作为日常工作的座右铭　　　　　　　　　　　　　140
建立一套实用的知识管理体系　　　　　　　　　　　　143

第15章　宝洁公司

将复杂管理简单化　　　　　　　　　　　　　　　　　148
高明管理者的下属不需要管理　　　　　　　　　　　　150

第16章　菲亚特公司

执行"精简高效",不容拖沓　　　　　　　　　　　　　156

第17章　施乐公司

不能生搬硬套地执行　　　　　　　　　　　　　　　　162
以工作业绩作为提拔员工的标准　　　　　　　　　　　164

第18章　英特尔公司

只有"偏执狂"才能成就大事　　　　　　　　　　　　170

第19章　摩托罗拉公司

赏罚分明:我踢人,但我也拥抱人　　　　　　　　　　176

第20章　联想集团公司

目标是最大的激励　　　　　　　　　　　　　　　　　180
不问做了什么,只问结果如何　　　　　　　　　　　　183
实行渐进式的创新　　　　　　　　　　　　　　　　　185

以身作则，使下属自觉追随　　　　　　　　　　　　　　189

第21章　AT&T 公司

管理者不作太多决策，只作重大决策　　　　　　　　　195

第22章　本田株式会社

管理者要以身作则　　　　　　　　　　　　　　　　　200
信任是授权的精髓和支柱　　　　　　　　　　　　　　202

第23章　丰田汽车公司

省下的就是赚下的　　　　　　　　　　　　　　　　　206
企业的目标管理　　　　　　　　　　　　　　　　　　209

第24章　塞氏工业集团

通过授权提升领导力　　　　　　　　　　　　　　　　216

第25章　统盛·普连德公司

集权不如放权更有效　　　　　　　　　　　　　　　　222

第26章　戴尔电脑公司

让每个员工都纳入全局　　　　　　　　　　　　　　　226

第27章　耐克公司

做正确的事与正确地做事　　　　　　　　　　　　　　230

第28章　蒙牛乳业集团

战略决策要有大思路　　　　　　　　　　　　　　　　236

第29章　长江实业集团

无为而治是管理的最高境界　　　　　　　　　　　　242

第30章　TCL公司

以合求大方能求到大　　　　　　　　　　　　　　　248

第31章　百事可乐公司

用谋略寻找市场　　　　　　　　　　　　　　　　　252

第32章　拉塞尔·雷诺兹公司

尊重非正式的团队协作——自组织　　　　　　　　256

第33章　Google公司

打破规则，大胆扩张　　　　　　　　　　　　　　　260
走多元化的发展道路　　　　　　　　　　　　　　　263
创造与分享价值　　　　　　　　　　　　　　　　　266

• 第 01 章 •

通用电气公司

通用电气公司（GE）是世界上最大的多元化服务性质的一家公司，同时也是高质量、高科技工业和消费产品的提供者。从飞机发动机、发电设备到金融服务，从医疗造影、电视节目到塑料研制，GE致力于通过多项技术和服务创造更美好的生活。GE在全世界100多个国家开展业务，在全球拥有员工近30万人。杰夫·伊梅尔特自2001年9月7日起接替杰克·韦尔奇担任GE的董事长及首席执行官。

从1981年韦尔奇就任总裁到1998年，GE各项主要指标一直保持着两位数的增长。在此期间，GE的年收益从250亿美元增长到1005亿美元，净利润从15亿美元上升为93亿美元，而员工则从40万人削减至30万人。到1998年年底，GE的市场价值超过了2800亿美元，已连续多年名列"Fortune500"前列。1998年的上述业绩产生了达100亿美元的自有现金流量，再加上公司AAA级的债务授信度，使它能够在1998年度投资210亿美元收购108家公司，以支持全公司三大措施中的两项：全球化和服务。从所创下的股东收益方面来看，无论是微软公司的比尔·盖茨、英特尔的安德鲁·格罗夫，还是股神沃伦·巴菲特或者零售大王沃尔玛的山姆·沃顿，都无法同杰克·韦尔奇相比。GE的股东通过公司的储蓄计划已拥有170亿美元以上的GE股票。1998年，GE股票每股的回报率高达41%；而在此之前的18年中，GE给予股东的年均回报率为24%。

几十年来，尽管其他许多公司在严峻的全球经济中像多米诺骨牌一样纷纷倒闭，它们的总裁也像走马灯似的频繁变换，可是韦尔奇却始终领导着通用电气公司，并创造了收入和收益的一个又一个奇迹。

拆毁所有阻碍沟通和找出好想法的"高墙"

人们总是要通过一定的渠道和方式来交流信息、沟通思想、协调行动的。如果沟通渠道堵塞，互不通气，就会造成了解情况上的片面性，"听风就是雨"，引起认识上的偏见和感情上的隔阂。信息传递失真，也会产生误解和歧视，引起冲突。例如，在一个企业，往往由于信息渠道的不畅，设计、供应、生产、销售几个部门就常常在工作上发生冲突。

管理在某种意义上来讲也是一种交流，管理者将管理的信息发布出来，被管理者接到信息就会按照指令做事。信息的通畅与否，直接关系到管理收到的成效。

然而，在许多传统的组织中，信息传递的准确性总是会受到种种干扰。公司的老总将任务交给下面的经理，经理又根据自己的理解将任务交给下面的项目负责人，项目负责人再把下面的人找来，又根据自己的理解作一番布置。在这样的信息传递过程中，不可避免地出现了信息的变形，产生了种种信息壁垒。

好在，这一局面正在改变，越来越多的管理人员意识到了沟通的重要性。

原通用公司CEO杰克·韦尔奇，当年就差点因为壁垒森严、信息不畅的弊端而离开通用电气公司。后来，等他坐上通用电气首席执行官的位置之后，所作的重大决策之一就是拆除壁垒，痛揍官僚主义。

他在1981年被任命为公司首席执行官。他打破了公司的等级制，削减公司总部职员，并且责成10万职工致力于他所认定的几大核心业务。等到这些举措给自己制造了危机之后，他又着手调动组织的感情能量和创造精神，以便利用因公司所在环境的改变而带来的机遇。在他看来，中层管理人员的工作应当重新定义："他们得把自己看成是身兼教师、拉拉队队长和解放者三职的人，而不是只充当控制者。"

他其实是希望每一个中层管理者，可以自由组织人员，提出自己的意见和办法。

他向来主张恢复公开交流："真正的交流需要长时间地你看着我，我看着你。这意味着多听少说……就是说，人类通过旨在达成共识的不断交往过程来最终了解和接受事物。"

韦尔奇强调以价值观为基础的理性而不是非理性,这一点从他对通用电气公司的内部决策所作的指示里就可以明显地看出来。他更为强调的是共同掌握事实和决策所依据的设想,而非决策之逻辑本身:"大家同舟共济,人人都拥有同样的信息……一旦人们不能得到所需的信息,混乱就产生了。"

在英语中,"沟通"一词来源于"分享"这个拉丁语词汇。进行沟通时需要特别注意的问题是,沟通必须是互相分享,必须是双向的,这样沟通才能有效。良好的沟通不仅仅是倾诉,聆听同样重要。

在微软公司,沟通的问题就不是那么难以解决。比尔·盖茨把他与员工们之间的沟通称作"弹指间的信息"。早在20世纪80年代初,比尔·盖茨就在微软安装了第一个电子邮件系统,很快,它便成为了公司内部通信和管理的主要方式。

比尔·盖茨每天要花几个小时来阅读电子邮件,并作出答复,这些邮件来自全球的雇员、客户和合作者。公司中每一个人都可以把电子邮件直接传送给他,越过所有中间层次的阻隔。他是唯一读它的人,因此谁都不必担心礼仪问题。他似乎相信人们口头上都具有"报喜不报忧"的倾向,而在一种不必见面的交流方式中更有可能流露真情。

盖茨认为,坏消息几乎总是从电子邮件中传来。所以,他每天晚上睡觉之前,必定要把自己的便携式电脑和公司系统连接起来,与公司雇员交换新的信息和想法。即使是在旅行当中,在远离总部上万公里的地方,盖茨也要检查一下他的电子邮箱。他说这样才能让他放心。由于电子邮件的充分利用,使得微软所有的职员都能在第一时间得到微软公司和比尔·盖茨发出的最新指示,这使得整个公司的办公效率在同一时间内高速运转起来。

不难发现,给员工提供了多少信息并不是最重要的,或者说传达这些信息的效果如何也不是最重要的。关键是，如果他们不能对此作出回应，那么就没能建立起沟通渠道，而仅仅是一个形式而已。网络的发展，实际上为沟通打开了更大的空间。我们日常沟通也可以如互联网那样迅捷。

企业内部交流的障碍及其消除往往受到多种因素的影响，主要表现在文化、组织结构和心理方面。

第一，文化方面的交流障碍。一个组织内部之间文化水平比较接近，信息沟通就容易进行。

第二，组织结构方面的交流障碍。组织结构方面的障碍包括角色地位障碍、空间距离障碍、交流网络障碍。

首先说角色地位障碍。一般说来，组织规模越大，成员越多，处于中层地位的人员相互交流次数增加，而上下层地位的人员相互交流次数相应减少。尤其是企业经理，常常因为自恃高明，目中无人，听不得不同意见，独断专行，瞎指挥容易阻塞上下信息的交流渠道。从部属来说，他们怕得罪经理和主管，有问题往往不反映，或报喜不报忧，造成信息虚假，影响企业的健康发展。

再就是空间障碍。空间距离对信息交流及其效果有很大影响。一般说来，双方面对面地进行交流，有利于把复杂问题搞清楚，提高交流效果。

还有交流网络障碍。在组织中，合理的组织机构，完善的交流网络有利于信息交流。如果组织机构不合理，层次太多，交流网络不完善，信息从高层传递到基层既容易产生信息走样，又会使信息失去时效。因此，组织要精简机构，减少交流层次，建立健全交流网络，经理要尽可能地同下级和普通部属进行直接交流，使信息传递渠道畅通。

第三，心理方面的障碍及其消除。

（1）认知障碍。信息交流中的自我认知障碍，主要表现在：过高地评价自己或过低地评价自己。在组织中，部属对自己评价过高，就会表现出一种优越感，喜欢自吹自擂，对其他部属不尊重，这样就容易堵塞交流渠道。

（2）情感障碍。组织中信息交流的情感障碍，主要表现为：情感反应过于强烈和过于冷漠。情感反应过于强烈是指在交流时不分场合和对象，不顾轻重恣意纵情的现象。为了克服这种交流障碍，要学会情感的自然调节，把握情感的尺度，既不能过分热情，也不能过于冷漠。

（3）信任障碍。在组织信息交流过程中，人与人之间，尤其是经理与部属之间关系融洽，相互信任，双方就容易交流。为了克服信任障碍，以改善和提高交流效果，交流双方要做到相互尊重、相互信任。

（4）态度障碍。在组织交流中双方态度各不相同，会造成交流的障碍。

（5）性格障碍。信息交流在很大程度上也受性格特征的制约。所以，一个经理要有高尚的性格品质才能取得组织成员的信任，才不至于造成交流上的障碍。

组织活动的核心是沟通，无论员工的职业技能水平多么高超，产品的价值多么令人瞩目，缺乏有效合理的沟通，任何企业都不可能完满实现其目标。现在企业的管理过程越来越重视沟通，如果我们还没有重视到这一点，从不理会沟通之间的藩篱，那我们将在封闭中自生自灭。

现在企业的管理过程，已经逐步趋向沟通的过程。沟通是意见与意见的交换，是心灵与心灵的交汇，是精神与精神的交融，是企业和谐走向成功的重要端点。如果我们还没有重视到这一点，从不理会沟通的重要性，那我们将在封闭中自生自灭。所以，我们应把工作归于务实而不是幻想。

像小公司一样行动

韦尔奇认为，尽管大公司也有自己的优势，比如资金雄厚、永不满足等等，但这并不表明大企业不需要快速、简单和灵活。相反，如果大企业可以做到这一点的话，往往就会更具竞争力，会获得更大的发展。

在不断增大的组织内部有着无数的制度和规则，它们直接或者间接地规范着人们的行动，从而使庞大的组织得以像一部机器一样运转。然而，尽管制度和规则对企业的制度化和规范化起到了不可忽视的重要作用，但过细的制度同时也使人们被越来越多的琐事包围，越来越远离事实真相。人们不能果断地作出决策，因为无法得到真实的信息；人们不能采用最有效的方法解决难题，因为必须遵照制度规定；人们不能快速地行动，因为还需要层层请示，得到批准。过度的制度化使得企业变得僵化和臃肿，就像一个穿着水靴跑步的人，不但速度缓慢，而且不够灵活。

而小企业则恰恰相反，人们很难在一个生命力旺盛的小企业中找出哪怕一个"复杂"的环节。它们不会乱作一团，总是简单而不拘形式。每个人都充满工作热情，都有充分的自主权。讨论时总是简单、直接、充满热情，没有大公司那种被术语所淹没的备忘录、虚张声势的反应，以及对下属意见的不屑一顾的态度。所有的人都接触市场，都了解顾客的需求，同时也明了这种需求的发展趋势。它们有强烈的危机意识，有快速行动的欲望，因此它们总能灵活地面对现实。用一句话来概括就是：小公司是简单的，这种简单使它们获得了生存和发展的机会。

杰克·韦尔奇喜欢小公司的单纯简单，喜欢它简单的行事风格，甚至喜欢它的"不正规"。他认为，所有这些都是企业竞争优势的来源，都会为企业的发展提供有力的支持和保障。因此，通用电气必须具备这些素质。

为了使庞大的通用电气变得像小杂货店一样精干、灵活、行动敏捷，韦尔奇缩小了公司规模，削减了官僚组织结构，同时转变了管理人员观念，积极引导他们从实行监督、批准的管理者向提出建议、促进业务的领导者转变。管理思维的转变使员工得以解放，全体员工都能够以更大的热情积极投身到真正有意义的工作中去。所有的这些都很好地实践了韦尔奇所提出的"像大公司一样思考，像小公司一样行动"的管理理念。

韦尔奇说，通用电气的确很大——它每年的销售额都以十亿美元为单位计算，但它始终是一个企业，对于其他企业重要的问题对通用也同样重要。比如顾客是否满意、员工是否满意、现金流动是否合理，这些问题对于小杂货店是相当重要的，同样的，对于通用也是如此。

"长久以来，我们没有意识到这一点，我们只关心那些毫无意义的数字和报表，而对这三个关键问题却视而不见，这使我们做了太多的无用功，浪费了太多的时间。现在，我和员工们每天只关心三件事：架上的货物是不是有人买；口袋里还有没有现金；顾客是不是带着笑容来，带着感激走。"关键问题往往都是简单的，企业只要找出它们并加以把握，就可以像小公司那样快速灵活。

韦尔奇认为，像通用这样的大公司，要在竞争越来越激烈的全球市场中生存，就必须改变大公司般的行动和思考模式，它应该学会轻巧、灵活，并开始从小公司的角度来思考。

"我们必须找到结合能量、资源的方法，改造成虽然是大公司，却拥有小公司的渴求、灵活和狂热。"韦尔奇说。

韦尔奇感觉到小而灵活的公司有巨大的竞争优势：

第一，小公司有更好的沟通。没有官僚体制的啰啰嗦嗦，人们听的同时也在说；更因为人比较少，他们通常也更能认识和了解彼此。

第二，小公司行动较快。它们清楚在市场上犹豫不决的代价。

第三，小公司里有较少的层级和粉饰，领导人的表现会清楚地显露出来。他们的表现和影响，大家都很清楚。

第四，小公司的浪费也比较少。它们花较少的时间在无穷无尽的审察、认可、打通关节及文件上。人较少，因此只做重要的事。它们的人可以自由地把自己的精力和注意力放在市场上，而不是和官僚体制对抗。

韦尔奇的目标，就是要让通用尽可能地变成轻巧、敏捷的小公司。他是怎么做的呢？

首先，他处理掉整个第二和第三个层级的管理机构——也就是部门和小组。在上世纪 80 年代，各事业领导人要向副董事长报告，副董事长再向执行副董事长报告，这些人各自都有自己的班底。韦尔奇改变了这个现象，使得 14 名事业领导人可以直接向董事长办公室里的 3 个人报告——韦尔奇和他的两位副董事长。

新的安排被证明是惊人的干净利落、简单有效。主意、创见和决策常常以声速传播。而在以前，它们常常被繁文缛节和压抑沉闷的道道审批所阻塞和扭曲……而现在，办公职员将他们自己看作是提供方便者、建议者、业务操作的合作者，双方的满意程度在提高，合作的感觉也增强了。地方主义让位于日益增长的同一感和共同目标感。

在修整官僚层级、改变高级主管的监督角色后，韦尔奇又迈出了另一大步，他在 1998 年设计出"合力促进"计划，因而在通用的组织里，注入更多小公司的灵魂。虽然这位董事长当时并不知道，但"合力促进"计划后来经证实是他最重要的创意之一，而且这也是这家公司数十年后仍在验证的事实。

尽管戴尔公司成立的时间并不是太长，但它却是一个名副其实的"大企业"。它之所以能够成为"大企业"，所采取的就是韦尔奇的"以小求大"策略。

2003 年戴尔公司的营业额达 435 亿美元，位列《财富》500 强的 48 位。2004 年 5 月，戴尔公司又荣登全球电脑市场占有率第一的宝座，成为世界领先的电脑系统商。

与其他大企业不同的是，戴尔公司内部不存在纷繁复杂的环节，也没有琐碎的制度和规程。它的一切都是简单的，每个人都保持着与顾客的密切接触——即使最高管理层也是如此。没有批文、请示和等待，每个人（即使一线员工）都有权力处理自己职责范围内的事。

在戴尔公司位于奥斯汀的组装车间里，人们可以运用最有效率的方式接受订单、联络供应商、订购零部件、安排货运等。这种"随心所欲"的工作方式很好地配合了公司独特的业务流程，使84%的货物在收到订单后的八小时内就能完成从设计、制造到发货的程序。及时送货还保证了货物在工厂里停留时间不超过两小时。这种小公司般灵活高效的运作方式使戴尔公司获得了极大的竞争力，有力地支持了其在国际电脑市场上的拼争。

过去说的"大鱼吃小鱼"早已经被"快鱼吃慢鱼"的理念所取代，这就要求大企业在拥有成熟运作模式的同时，具备小企业一样的运作方式，能够灵活机动地适应市场竞争，"像大企业一样思考，像小企业一样行动！"在如今全球经济竞争激烈的大环境下，规模大的公司不一定就能打败规模小的公司，但是速度快的公司一定能够打败速度慢的公司。这一点是确定无疑的，因为信息社会是一个机会人人均等的社会，企业如果想要在这样的社会里获得最终的胜利，那么必须抢在其他竞争对手之前完成战略布局，并且立即付诸行动。事实上，在一个竞争激烈的市场中，抢先作出选择和行动的企业一般都能够获得比其他企业高得多的利润回报。

要想在这个竞争日趋激烈的世界中生存，你必须比别人跑得快，因为谁奔跑得快，谁就能赢得机会。

破除官僚主义，做轻巧企业

韦尔奇上任后重整通用电气公司的第一步行动就是要消灭官僚主义。他认为，官僚主义和官僚应该受到指责并被清除。公司必须培养出对官僚主义发自内心的憎恶，不管它是存在于企业、政府还是制度之中，因为官僚主义不变的议事日程是抗拒变化，压制沟通，浪费大脑和精力。官僚主义使企业经营相互扯皮，把注意力集中在自己身上而不是顾客身上；它导致人心涣散，切断好的创意与生产性活动的联系。它扼杀生产率的增长。

杰克·韦尔奇如此痛恨并描述"官僚主义"："我们培养对官僚的仇

恨,而且我们在使用'仇恨'这个可怕的词语时从没有过片刻的犹豫。官僚必须受到嘲弄,必须铲除……我们的每一天都是一场战斗,我们要摧毁官僚机构,使我们的机构保持公开、通畅和自由。即使官僚作风在 GE 内已经基本上被清除干净了,我们也应该保持警惕——甚至应该保持一种多疑症的态度——因为官僚倾向是人性的一部分,是难以抗拒的,一眨眼的工夫,它就会回到你的身边。官僚使人感到压抑,使人颠倒主次轻重,限制人们的梦想,使整个企业面向内部。"

韦尔奇说,在通用电气公司,如果有任何东西在拖公司的后腿,让公司放慢了发展的脚步,就必须除掉它。现在,官僚主义时时都想乘虚而入。其他企业有的问题,通用电气公司都有。但是你得与它们作斗争。我们经常带在身边的一张 GE 价值观的卡片上写着的第一条就是:憎恨官僚主义。要踢它、恨它、揍它,把它彻底赶走,别让它呆在那儿。通用电气公司每天都在与官僚主义作斗争。企业必须加快发展,更多地关注外部,也就是企业的客户。这就是游戏规则——压倒一切的游戏规则。

韦尔奇进一步指出,在新的竞争形势中,一个公司成败的决定因素,最主要在于管理能力,而官僚主义却在时时刻刻侵蚀着这种管理能力。因此,韦尔奇采取了三个铲除官僚主义的措施。

(1) 改革公司组织结构

通用电气公司早在其成立之初,采取的就是所有权与经营权相分离的现代股份制企业形态。然而,在韦尔奇看来,这种两权分离的制度基础只是提供了一个基点,并不意味着在管理制度上可以一劳永逸。

在早期,少数派大股东在法律上作为最高决策机构的股东大会上,实际上是多数派,只要他们保证在代表股东利益并实际上决定和执行经营方针的董事会中享有支配性的发言权,那就可以说,企业行为基本上是在投资者的实际支配下进行的。后来,公司的巨大发展已经突破了少数派股东支配的阶段,进入了经营者支配的阶段。

在这个阶段，以讲究功能、理性为核心的管理组织逐渐体系化、官僚制化，官僚制的管理目标在于使整个组织系统维持谐调运行。它具有这样一些纯技术性的优越特征：组织的完善化——职务呈等级序列，上级监督下级，由此确定的规章规定了各自的权限和职责，确立了对公务分级审理的程序；职务活动的制度化——依据文件处理事务，遵照各项制度的要求进行职务活动，强调职务活动的公务性质；限定执行职务的时间性，使履行职责规范化。

这样，就在最大限度上排除了家族所有制的弊病，防止了个人肆意武断地处理公务的可能性，从制度上保障了这种管理形式按照理性的方向发展。

（2）削减决策层

韦尔奇决心要压缩管理层次，消除事业单位与高级管理层之间的沟通障碍。就公司的组织机构设置情况来说，1980年，通用电气公司由64个事业部组成，从上到下最起码设有5个管理层。如果再仔细地深入考察各个管理层内部的组织系统，管理层次就更多。由于机构庞大、层次众多，公司的力量很难凝聚，决策和贯彻过程复杂、历时长，难以适应瞬息万变的市场竞争的需要。20世纪90年代后期，韦尔奇再次回顾这段历史，并且在注意到时代是如何改变时说："今天，人们以为多次的暂时失业是一件光荣的事情。试图控制人是可怕的。这是工作中最困难的一部分。但是不得不摒弃任何阻碍向自由、速度前进的东西。"

（3）减少直接经营单位内部的管理层次

管理层次的减少，不仅体现在公司的主要决策体系上，也表现在各个直接经营单位内部。以通用电气公司重型燃气轮机制造基地为例，全厂有2000多名职工，年销售收入达20多亿美元。全厂由一位总经理负责，他下面只有几位生产线经理，如叶片生产线、装配线、调试线等，每个生产线经理直接面对100多名工人。没有班组长，也没有工长、领班，更没有任何副职。又如飞机发动机公司，从1990年开始，把厂长以下的各级组织全部取消，把协调人员、技术人员、市场销售、质量控制和供应人员与生产工人混在一起，自愿组成若干业务小组，每组20～50人，选举产生组长，自我管理整个生产工序，实行自我控制，只有最终产品的质量检查和控制。

IBM也是消灭了"官僚主义"，才发展成为今天的"蓝色巨人"的。

1992年以前的IBM，象罗马教皇一样管理和经营着庞大的公司和业务，它只信任自己拥有行业霸权。整个公司的组织复杂，等级森严。在公开场合，人们可以从发言人的座席位置看出其在组织中的地位。每个管理者被提升时，公司内部都要举行隆重的新闻发布会。公司的管理者们并不关心客户需求，把全部的精力都放在了公司内部的争权夺利上，只要一声令下，公司所有的项目都要立即停止运营。

官僚主义让IBM公司内部"山头"林立，派系分明。管理层只是主持工作，而不是去采取实际行动。公司内的各个部门只关注自己的利益，大量的优秀人才的才华被浪费掉，他们学会了察言观色，见风使舵。业务部门之间除了喋喋不休的攻击和争论，表达反对的意见之外，就是保持沉默。最后导致各部门之间的竞争甚至比整个公司对外界竞争的程度还高。最后，官僚主义的盛行让IBM走向了破产的边缘，"一只脚已经踏进了坟墓"，成为奄奄一息的"大象"，直到郭士纳上任公司董事长。

郭士纳是1993年4月1日上任的，同年4月19日的《财富》这样评价郭士纳："他是个精明的人，甚至是个天才。他精力充沛，善于宏观调控公司文化。"郭士纳的"精明与宏观"体现在他真正理解了IBM文化的"精髓"——IBM80年（1914—1993）的"精髓"在于两点：第一，IBM有着基于人性底蕴之上的科技创造力，这使得IBM就像美国电影中的"阿甘"一样，因为"若愚"一般的专注而获得"聪明人"不可能获得的成功。第二，IBM的失败只不过是由于过于自满而丧失了方向，由于丧失方向而从科技领先的榜样衰落为严重官僚主义的"各自为战",从而抵消了战斗力,而不是丧失了战斗力。

郭士纳上任后采取了一系列消除官僚主义的措施。

(1) 设立风险组织

1993年,他先后建立15个从事开发小型新产品的风险组织:IBV(独立经营单位)和SBV(战略经营单位)。IBV在产销、财务、人事方面都有自主权,可以自筹资金,直属总公司的专门委员会领导,总公司除提供必要的资金和审议其发展方向外,对其经营活动一律不加干涉。

(2) 改组最高决策层与总管理层

扩大最高决策层组织规模;建立政策委员会和视野运营委员会,分别负责长期和短期决策;调整总部管理,强化指挥系统。原有的系统是直线指挥系统:由总公司、事业部门组(也叫执行部)和地区性公司、事业部(或地区子公司)及工厂组成。其中,总公司、事业部门组和地区性公司属总管理层。总公司管理层的改组是通过成立企业管理办公室和事业运营委员会进行的,而事业部门组和地区性公司的调整,则是通过大规模改组完成的。

(3) 实行有秩序授权与分权

给总公司事业运行委员会以较大的自主权;允许某些事业部门组扩大销售职能;对新建立的地区事业体采取分散化管理原则,使它们在开发、生产和销售等方面比原来的子公司具有更大的经营自主权,以利于提高竞争能力。

(4) 改善支持系统

健全咨询会议和各种委员会,聘请社会名流;严格执行业务报告制度,建立评价与指导系统;加强上下级的报告和定期总结评价;实行"门户开放"政策,建立"直言"制度,管理层欢迎职工来访,防止职工不满情绪,有利于防止官僚主义;坚持IBM的"三信条",即"尊重个人"、"服务"和"完美主义"。战略可以变，组织可以变，永远不变的是"信条"。

在这一系列措施的作用下，旧有的官僚主义被打破、消除，IBM又开始走上了辉煌的发展之路，"大象"又重新"跳舞"了。

"官僚主义"者的特性表现在"摆架子""扯皮""拖延"等等，他们不太喜欢身体力行、深入基层、认真调研，"官僚主义"存在的地方，效率低下，信息不通，决策不下，政策不达，机体没有活力。"官僚主义"就像病毒，会让一个庞大的机体产生"血管、心气阻滞"甚至"癌症"等各种病患，那也许将是不治的顽疾！在官僚主义盛行的企业组织中，因过多的层次和横向条块分割，使得组织内部的信息交接和沟通出现障碍。命令的贯彻和任务的执行，经过层层关卡的拦截、过渡、甄别，不断弱化，最终的误差使执行远远偏离了预定轨道。

在全球性经济竞争时代，这种官僚主义的危害更为严重。全球企业竞争的不仅是科学技术，而且还有管理能力。在新的竞争形势中，公司成败的决定因素，最主要在于管理能力。而官僚主义却在时时刻刻侵蚀着这种管理能力。

任何一家想快速进步并保持健康而稳定发展的公司，不应该给自己任何理由，必须坚决杜绝"官僚主义"，因为"官僚主义"是一名真正出色的企业管理者的大忌。

做人也忌有"官僚主义"。这里所说的"官僚主义"是说这个人做事我行我素，独断专行，以自我为中心。现在社会上这样的人大有人在。

管理得越少越好

韦尔奇对"管理"的理解是"越少越好"。他对"管理者"重新进行了定义：过去的管理者是"经理"，表现为控制者、干预者、约束者和阻挡者；现在的管理者应该是"领导"，表现为解放者、协助者、激励者和教导者。韦尔奇的"不去管理"，并非认为管理者可以自由放任不进行管理，而是强调不要陷入过度的管理之中。杰克·韦尔奇把管理行为界定为：清楚地告诉人们如何做得更好，并且能够描绘出远景构想来激发员工的努力。用他自己的话说，就是"传达思想，分配资源，然后让开道路"。激发热情的方式，是允许员工们有更大的自由和更多的责任。在 GE，有两种人必须离开：一是违反道德原则者；二是控制欲强、保守、暴虐和压制别人，并不愿改变者。

韦尔奇认为，经营管理的规范过度必然使企业的各项活动变得迟缓。韦尔奇强调，管理不需要太复杂，因为经营活动实际上非常简单，你熟悉有限的竞争对手和自己的营销市场范围，这种熟悉的程度远远会比从 2000 个选项中进行选择来得简单容易。对韦尔奇来说，经营一个成功企业的秘诀在于确信企业所有的关键决策者都能了解所有同样关键的实际情况。如果他们充分了解了实际情况，大家就会在如何解决实际问题中达成一致的结论。韦尔奇对企业管理者的建议是："管理越少，公司越好。"

1960 年 10 月 17 日，也就是韦尔奇上班的第一天，他就感觉到了 GE"令人窒息"的官僚主义气息，并一度决定离开这家公司。多亏一位非常有远见的上司极力挽留和特别承诺，才使他在最后关头改变了主意，决定继续留在 GE。结果，同事们为他举办的"欢送会"，变成了杰克·韦尔奇决定留在 GE 的"新闻发布会"。

在升任董事长兼 CEO 之前的 21 年里，他对 GE 内部官僚体制的认识愈加深刻，也愈加深恶痛绝。他认为通用已产生了"广泛的、过度的官僚体制，它窒息了创造性和激情"；"它浪费了通用无数的财富"；它使沟通变得异常困难，以至于在正式会议上，不少经理不得不靠从幕僚那里得到的"内幕消息"来吓唬下级（因为正规的报告里几乎没有真实的信息）。因此在上任之后，尽管有来自方方面面的压力，韦尔奇依然决定重击官僚主义，而且是要"果断地采取行动"。

在GE当时的40多万名员工中，有2.5万人具有"经理"头衔，其中的500名是高级经理，130名是副总裁或者处于更高的地位。太多的员工及管理人员不仅消耗了大量宝贵的资源，更使公司内部沟通困难、人浮于事，不能对外界的变化采取及时的行动，从而极大地削弱了公司的竞争能力和盈利能力。

在"整顿，出售、或者关闭"战略思想的指导下，韦尔奇毅然发动了大规模重组活动。重组涉及GE内部350个业务组织的每个角落，包括这些组织中的首席执行官。在5年的时间里，总量超过11.8万、约占公司25%的员工在大规模重组中失去了工作岗位。更令人惊叹的是，经过持续努力，从1981年到1992年，公司总部的行政管理人员从1700人减少到了400人，而GE在此期间则一直保持高速增长。用韦尔奇自己的话来说，"我们管理得越少，却管理得更好了。"

重组和裁员后的GE看起来比以前更小也更加灵活，管理费用大大降低，同时也为下一步改革做好了准备。

首先是减少管理层次。在1980年年底，GE内部拥有"太多的管理层级"，2.5万名经理平均每人只负责7个方面的工作。从韦尔奇本人到工厂之间共有12个管理层级、5个主要管理层：公司（Corporation）、区域部（Sector）、事业部（Group）、事业分部（DM-Sion）和工厂（Plant）。更令他不能容忍的是，这些管理者"除了审查下级的活动之外几乎什么也不做"。同时，由于机构庞大、管理层次过多，公司的人心难以凝聚，决策过程复杂而漫长，难以适应瞬息万变的市场竞争需要。

针对这种情况，韦尔奇将过去的350个事业部重组为38个战略经营单位，并在1987年进一步合并为14个产业集团。主要管理层也相应地由原来的5个减少到3个，形成了公司"产业集团"工厂三级管理体系。

此举消除了"不必要的指挥关系"，各主要管理层的角色（权限和责任)也更加明确,依次为:投资中心、利润中心和成本中心。每个管理者平均负责的工作由原来的7个变为15个,在工作效率提高的同时,因职责范围的扩大而有效地锻炼了人才。另外,决策点的前移使决策变得更灵活、更迅速,企业的竞争能力相应增强。

正是由于受到韦尔奇的"管理得越少越好"理论的指导,美国克莱斯勒公司才能在危急时刻扭转乾坤,转危为安。

美国克莱斯勒公司在20世纪70年代深受大企业病的困扰,在1978—1981年间,亏损36亿美元,濒临破产。艾柯卡上任后,首先就将52个工厂削减为36个,拍卖海外企业和设备用于筹集发展资金,裁员一半,包括大量管理人员。2年后扭亏盈利2.5亿美元。精简使克莱斯勒公司起死回生。

在实行精简以前,惠普公司有着很宽的产品线,从高端服务器到低端打印机,产品和服务达80多种。以前,惠普公司的组织模式按产品划分为17大类,每个产品部门再以客户为中心进行部门划分,如市场、销售、服务、研究开发等。惠普公司拥有庞大的组织层次——全球400多个分公司,80多个产品中心、销售部门、生产厂、市场部和财务部。

时任惠普公司CEO的卡莉决心改变这种臃肿的组织层次,把惠普公司变成"全面客户体验"服务模式。这就需要把条块打散,把众多的部门重新整合,并按照客户种类和需求进行划分。卡莉只花费了两个多月时间,就完成了精简的手术:把所有销售部门统一起来,然后按不同客户重新划分成全球客户、大客户、中小客户三大部门;所有从事技术研发和生产的部门也重组成三大部门,分别是计算系统部、图像及打印系统部、消费电子产品部。最终,整个公司的格局演变得非常简单:前面三个客户销售服务部门、后面三个产品部门。改革之后,惠普公司的每一位销售人员所代表的都是惠普全线的产品和服务,而且客户从选购到服务的整个过程中,惠普公司都有专门的人员一直与其保持互动关系。对于客户来说,惠普公司只有惟一的出口，而不再是17个出口。

IBM公司简直就是一头"大象"，但是它绝对是一家善于精简的公司。在1980年以前，由于组织极其臃肿复杂，公司领导层总是无法掌握业务层面的真实面目，于是赶紧砍掉了许多官僚机构，建立了直接向主席报告的任务小组，之后才研究PC机，并且占有了80%的市场份额。但是1985年以后，IBM公司又原地踏步，该年经历了50亿美元的巨额亏损，它又像一个垄断者一样臃肿和官僚（一个执行副总裁与主席之间至少有7个管理层），"大象"又开始笨重起来。这倒是给了郭士纳大动干戈的机会，他自1993年以后就致力于通过精简让"大象"跳舞。郭士纳的精简方法很简单，就是加法和减法，先把IBM公司不具有竞争力和亏损的业务全部采用减法卖掉（硬盘、管理软件、一些大楼等），然后把IBM具有竞争优势的资源全部加在一起，整合成四大业务集团，分别是硬件集团、软件集团、全球服务集团和技术集团。IBM公司从此一路好转，成为全球最具潜力的技术公司。仅仅是IBM全球服务部，自1996年组建以来，到2001年时，年收入就达到了惊人的250亿美元。郭士纳为IBM公司实现了精简的惊人成果：5年创造了一个三星电子（年收入也是250亿美元规模）。"大象"开始跳起了欢快的舞蹈。

也有很多对组织臃肿视而不见的管理者，有一家中国公司更努力让公司臃肿无比，它的结果如何呢？这家公司迅速在几年间经历了从0～80亿元，然后再从80亿元～0的商业游戏。它就是几年前疯狂销售口服液的三株公司。该公司只用几年时间，就迅速建立了比中国邮政网络还复杂的销售组织，管理层由不到200人增加到2000人，公司完全陷入无管理秩序的状态，总公司根本不知道如何衡量子公司的销售业绩，更无法监督。这个疯狂的公司最终宣布破产。

企业的竞争集中体现在人力资源的配置上，而配置的优化都需要企业的组织结构来实现。某些企业的人才并不差，但却受制于复杂的层级制结构。管理层次太多、效率低下的缺点抵制了人才优势。一些企业特别是一些大企业管理层次过多,管理中心下达的指令必须经过许多层次的接转才能到达生产或业务现场,并且在信息传递的过程中,由于层次多,产生误差的几率大大增加,经常出现信息失真现象。这就要求企业在必要的时候,要懂得轻装上阵。

清扫过的房屋给人一种焕然一新的感觉,因为它扫除了多余的尘埃与杂物;同样,净化过的心灵会使人精神焕发,因为它清除了多余的烦恼和忧虑。

只走一条路——正直

GE 公司 2001 股东年会于 4 月 25 日在美国乔治亚州亚特兰大市召开。这次大会是首席执行官杰克·韦尔奇在退休前致股东们的最后一次汇报。在这次大会上,韦尔奇这样说:

"诚信,永远是最首要的一条价值观。诚实意味着遵纪守法,不仅是字面上而且是精神上。但它不仅仅是指守法,它存在于我们拥有的每一种关系的核心。有了基于诚信的信任,我们的员工就可以制定业绩目标并相信我们'没有实现目标并不意味着会受到惩罚'的承诺。

"在我们对外与工会和政府打交道时,我们可以自由地以一种建设性方式代表我们的立场:不管是'同意'还是'不同意',我们内心知道我们的诚信是毋庸置疑的。转型时期是充满变革的时期,我们的一些价值观念会为了适应未来的挑战而有所调整,但有一条不会变,那就是我们对诚信的承诺。这意味着我们不只去正确地做每一件事,而是每次都要做正确的事。

"我们公司和员工最关注的就是'诚信'。常常有人问'在 GE 你最担心什么?''什么事会使你彻夜不眠?'其实并不是 GE 的业务使我担心,而是有什么人做了从法律上看非常愚蠢的事而给公司的声誉带来污点,并把他们自己和他们的家庭毁于一旦。我们绝对在诚信上不可有任何的松懈。'诚信'讲得再多也不够。诚信不仅仅是法律术语,更是广泛的原则。它是指导我们行为的一套价值观——指导我们去做正确的事情,而不仅仅是合法的事情。"

和诚信一样,正直也是韦尔奇价值观中重要的一环。韦尔奇在1987年对全公司范围内发放了一本80页的小册子:《正直:我们责任的精神与体现》。每一个新雇员必须阅读这本小册子,并在书中附的卡片上签字(或用电子邮件确认)以证明他读过,并且其他雇员也必须每年读一遍。在这本小册子里,韦尔奇这样表述他对正直的定义:

"正直是我们建立成功企业的基石——包括我们产品与服务的品质;我们与客户和供应商之间直接的关系;以及我们赢得胜利的记录。通用电气以卓越的竞争探求为起点,以对伦理行为的承诺为终点。"

他要求所有的通用电气员工都要亲自作出承诺:遵循通用电气的行为准则,遵守生效的法规,避免利益的冲突,做到诚实、公正、值得信赖。

韦尔奇说:

"我不能向这个房间内的任何人保证你不是一个小偷,你没有偷任何东西或者今早抢了东西。我能肯定的是,如果我知道你干了,你将被解雇。我们有这样的行为准则——我们每个人都知道,如果他做了某些不该做的事,他将被立刻开除。

"我指出过:我不可能一个人维持整个组织行为的完美无缺,但我有一套价值观——正直。我们在每次会议上都谈到它。违反这个原则,没有任何商量,你被开除了,并且我们有许多员工被逐出公司的事例。"

当被问到是否立即开除呢?韦尔奇答道:

"立即。他们有一次听证会的机会,但他们都走了。没有任何捷径可走——'眨眨眼',装看不见?对任何行为我们都从不眨眼。"

韦尔奇是这样说的，也是这样做的。

1985年3月26日，通用电气公司面临它成立以来最严峻的考验。在这致命的一天里，通用电气被联邦陪审团起诉了两个案子：其一是通用电气航天事业部在雇员考勤卡上错误地计入80万美元的成本；其二是通用电气就其担负的核弹头系统业务向政府说谎。通用电气的这项业务是由美国空军与核公司签订的金额达4090万美元合同引起的，该合同要求通用电气彻底检查洲际弹道导弹上的引爆装置。

韦尔奇的首要目标是快速地重新掌握通用的命运。在简单的调查之后，他相信通用的确犯了错误。当政府攻击通用的时候，他拒绝扮演对立的角色。相反，他让通用和指控的检察官成为盟友，因此赢得政府官员的信任。通用和联邦政府的调查员充分合作，并且为员工的失职行为负起责任。韦尔奇确定通用的确多领了政府的款项，公司马上退回80万美元。其中一位主管在法庭俯首认罪时，通用也坦然承认了罪行。

在通用被起诉的三周之内，韦尔奇亲自打电话给奥尔部长，提出一个周详的计划清理善后，并且防范未来发生类似的事件。他同意每个月亲自呈递一份进度报告给奥尔，同时在通用内部成立了一个高层的审查会，负责监督韦尔奇同意的承诺以及责成专人调查失职的问题。

1992年7月，韦尔奇在能源与商务监督调查委员会的附属委员会作证。他并不为通用电气的错误寻找借口，他对委员会说：

"偷一美元也是偷，欺诈毕竟是欺诈。"

"有这样一种幼稚的观点：鼓励上进的气氛就是鼓励违规的气氛……在奥林匹克运动会上，我们常听人们谈到关于类固醇的怀疑，我们也听到人们怀疑是否竞争的压力促使人们去作弊。而那些违规行为给真正的优胜者也造成了不良影响。

"怎样去解决呢？让运动员跑得更慢，跳得更低，这样他们就可以摆脱怀疑了吗？我们的观点是，你必须尽可能快地去跑，尽可能高地去跳。

但如果你违反了规则，你的奖牌要被取消，你将永远被禁赛。这就是我们关于竞争与正直的观点，并且我们公司的每一个管理者都将此观念加以传播。竞争的结果必须要写在正直的黑板上。我们的竞争观念不仅要与正直同行，而且要建立在正直的基础上。谁能说出色与竞争是同诚实与正直不相容的吗？"

韦尔奇继续解释，对那些违反道德准则的人没有第二次机会：

"在通用电气没有人会因为失掉一个地区……失掉一个年份……或一个错误而失去工作，每个人都知道这一点。否则，如果在那样一种气氛里，公司将会瘫痪。人们有第二次机会，许多人还有第三次、第四次机会，并且可以得到培训、帮助甚至可以调换到不同的工种。惟一有一种表现失败没有第二次机会，那就是明显的违反道德。假如你犯了一次，那么你就被开除了……我们没有警察，没有监狱。我们必须将我们员工的正直作为第一道防线。

"每天付出110%或者更多的精力去竞争、去胜利、去增长，与此同时在我们所做的一切中遵循对道德的承诺，这两者是不矛盾的。"

受韦尔奇的这种理论影响最深的是美国的安然公司。

2001年12月2日，世界上最大的天然气和能源批发交易商、资产规模达498亿美元的美国安然公司（Enron Corp），突然向美国纽约破产法院申请破产保护，该案成为美国历史上最大的一宗破产案。安然公司可谓声名显赫，2000年总收入高达1008亿美元，名列《财富》杂志"美国500强"第七位、"世界500强"第十六位，连续4年获得《财富》杂志授予的"美国最具创新精神的公司"称号。这样一个能源巨人竟然在一夜之间轰然倒塌，在世界上引起极大震动，其原因及影响更为令人深思。

安然公司成立于1985年，其前身是休斯敦天然气公司（Houston Natural Gas）。20世纪80年代末之前，作为一家区域性天然气管道经营商，其主业是维护和操作横跨北美的天然气与石油输送管网络。

20世纪80年代末，随着美国政府对能源市场管制的解除，在价格波动给人们创造能源交易商机的同时，也增加了许多能源消费商对控制能源价格风险的需求，这两种因素成为能源期货与期权交易勃兴的契机。安然公司成功地抓住了这个机遇，随之转型为类似于美林、高盛那样的专门从事交易的公司，差别仅限于产品的不同。另外，安然公司创造性地"运用"了金融衍生工具，使本来不能流动或流动性很差的资产或能源商品"流通"起来。在短短的十几年里，通过企业转型以及成功地引入金融衍生工具，安然从一家名不见经传的天然气、石油传输公司发展成为"全球最大的能源公司"。

造成安然公司破产的原因有很多，其中重要的一点就是毁于对诚信、对道德的践踏。众人的敬仰使安然无法收回自己的贪婪和野心，所以在发现无法实现曾经许诺的发展速度时，安然开始寻求"第二条通道"——人工增长运、秘密交易、"创造性"的会计方法孕育而生。为了保住自己的分红，安然高层毫无羞耻感地"盗取"公司员工和广大投资者的财富。

（1）恶意欺骗公众

安然事件中，安然公司通过关联交易隐瞒债务、虚增利润，误导投资者。即使在事情真相已大白于天下之时，安然公司还一再强调已经按照美国SEC（证券交易委员会）的要求在年报等文件中进行了相关信息的公开披露。但实际上这些披露既过于含糊和笼统，又相当晦涩难懂，几乎起不到信息披露的作用。对于其中金额巨大的关联交易，并未披露具体情况。安然公司称美国SEC只要求披露公司与其高管人员所控制的经济实体之间的关联交易，而与其进行大量关联交易的公司的控制者只是其公司的中层管理人员，不在高管人员之列，故无需在年报中进行披露。这显然是安然公司的律师充分研究了美国SEC披露规则后的狡辩，但这种极其恶劣的有意逃避监管的行为，无疑将对美国证券市场现有的法律规范和会计准则造成强烈的冲击。

（2）与中介机构串通合谋做假

安然事件中，位居世界前五位之一的会计师事务所——安达信在财务审计中未能尽其职责，扮演了一个很不光彩的角色，尤其是安然公司的会计作弊，竟得到了安达信的默认。当 SEC 介入安然事件的调查时，安达信还大量销毁与安然公司的有关书面文件，并试图销毁电子数据以逃避安然公司破产案的调查。安达信的这些做法极大地妨碍了监管机构为获得事实真相的调查并触犯了法律。安达信之所以胆大妄为，主要还是利益驱动使然。自安然公司成立以来，安达信不仅一直负责其审计工作，而且同时提供咨询服务。2000 年安达信从安然公司获得的 5200 万美元总收入中，咨询服务的收入就高达 2700 万美元，可见安达信与安然公司之间具有深厚的利益关系。安达信的个别诚信危机对于全球的注册会计师行业产生了极大的负面影响，国际会计师事务所的诚信度开始受到质疑。

（3）公司治理结构存在弊端，高管人员及证券从业人员缺乏职业道德

安然事件中，安然公司的高管人员显然对公司运营中出现的问题了如指掌，但长期以来却熟视无睹甚至有意隐瞒，包括首席执行官在内的许多董事会成员一方面宣扬股价还将继续上升，一方面却在秘密抛售公司股票。

一般来说，公司董事会中 2/3 的董事应独立于管理层。按照纽约股票交易所与纳斯达克市场制定的公司治理结构标准，董事会中负责监管公司财务的审计委员会应全部由独立董事组成。公司的独立董事对股东负有诚信责任。安然公司共签订了七份涉及 14 名独立董事的咨询服务合同，还有多项与不同独立董事所在的企业进行产品销售的合同，或是向一些独立董事任职的非盈利机构捐款。安然公司的董事会像是一个"有浓厚人际关系的俱乐部"。不难理解，当安然将其关联交易递交董事会批准时，自然容易获得通过。

一个企业的行为是由这个企业的管理者作出的，管理者所作出的决定

能反映其素质的高低。通过对众多企业的失败案例分析，可以发现以下几点共同之处。首先，企业管理者普遍缺乏道德感和人文关怀意识。这种意识是以"胜者为王，败者为寇"作为参考标准。企业管理者往往无意于追究企业成长、发展过程中的道德性，这在很大程度上也助长了企业管理者的功利意识。其次，企业管理者普遍缺乏对规律和秩序的尊重。许多企业管理者缺乏对游戏规则的遵守，不按规律、规则出牌，而是企图走一些歪门邪道的所谓"捷径"。在市场日益规范的情况下，越往后走，道德的尺度（对做企业的人来说）就越重要。企业管理者的伦理道德水平，在一定程度上决定了一个企业的生死存亡。

因此，不管是做一个企业管理者，还是做一个普通人，都要坚守住道德准则的底线。

不能从失败中吸取教训就是罪过

韦尔奇说：人们犯错误的时候最不愿看到的就是惩罚。这一点我们每个人都有体会，他还说：若是因为失败而受到处罚，大家就不敢轻举妄动了。因此，韦尔奇采取"奖励失败，不只是奖励成功"的措施。

韦尔奇说："我也奖励失败，我的一些人设计出一种灯，但效果不好，我还是给他们每人一台电视机。不然，人们就会害怕再做尝试。"我们总要明白：人人战战兢兢、提心吊胆地过日子的企业，它注定活不长。不要员工犯点小错即使是大错，就随随便便把人炒了，否则，企业很危险。

韦尔奇为了鼓励员工具备承担风险的勇气，推出"奖励失败，不只奖励成功"的措施。他强调："我们必须让职员明白，只要你的理由、方法都是正确的，那么，即使结果失败，也值得鼓励。"

他这样做，显然是想让一切具有创业精神，但因遭受挫折而感到沮丧的雇员都知道，他们允许有坚持不懈的努力和创业的自由，也就意味着允许有做错事和遭受失败的目由。通过这类方式，通用电气公司内各产业集团中形成了"开拓再开拓"的小气候。韦尔奇要求每个部属都清楚自己的价值，同时也注意给他们创造出能实现这些价值的环境。

在韦尔奇的自传里，他讲述了这样一件事：

"在我得到'中子弹杰克'这个绰号之前很多年，我实际上的确炸掉过一座工厂。

"那还是 1963 年，即我在 GE 的早期。那年我 28 岁，在 GE 已经干了三个年头。我还清楚地记得那个春天，仿佛是昨天发生的一样。这是我一生中所经历的最为恐怖的事件之一。

"爆炸发生的时候，我正坐在匹兹菲尔德的办公室里，街对面正好是实验工厂。这是一次巨大的爆炸，爆炸产生的气流掀开了楼房的房顶，震碎了顶层所有的玻璃。这次爆炸彻底动摇了所有的人，尤其是我。

"我们当时正在进行化学实验。在一个大水槽里，我们将氧气灌入一种高挥发性的溶剂中。这时，一个无法解释的火花引发了这次爆炸。非常幸运的是安全措施正如原先设计的那样起到了一定的保护作用，爆炸产生的冲击波直接冲向了天花板。

"作为负责人，我显然有严重的过失。

"第二天，我不得不驱车 100 英里去康涅狄格的桥港，向集团公司的一位执行官查理·里德解释这场事故的起因。他是我顶头上司鲁本·加托夫的老板。鲁本·加托夫就是那个极力劝阻我不要离开 GE 的人，他也参加了会议，不过我才是准备挨批的人。我已经做好了最坏的准备。

"那天，他表现得异常通情达理。他几乎是以苏格拉底式的方法来处理这起事故。他所关注的是我从这次爆炸中学到了什么东西，以及我是否认为自己能够修理反应器的程序。他还问我们是否应该继续进行这个项目。这一切都是那么充满理解，没有任何情绪化的东西或者愤怒。

"'我们最好是现在就对这个问题有彻底的了解，而不是等到以后我们进行大规模生产的时候,'他说道,'感谢上帝没有任何人受伤。'查理的行为给我留下了深刻的印象。"

对于这件事,韦尔奇深有感触,他说:

"当人们犯错误的时候,他们最不愿意看到的就是惩罚。这时最需要的是鼓励和自信心的建立。首要的工作就是恢复自信心。我想当一个人遇到不顺或者是挫折的时候,人云亦云是最不可取的行为。

"在危急关头人云亦云很容易使得人们陷入我所说的'GE 漩涡'中,开始恐慌,并逐渐陷入自我怀疑的无底洞,就会发生所谓的'GE 漩涡'。

"我曾看到这种事情同样也发生在坚强、聪明且充满自信的数十亿美元公司的总经理们身上。顺利的时候,他们一般都会做得很出色,但是一旦做了某些错误的计划或者一桩赔钱的买卖——并不是第一次——自我怀疑的心理就开始慢慢地侵蚀他们了。于是他们开始对每一件事情都没有了主意,他们赞成每一个提议,为的是及早走出会议室或者是将这件事拖到以后再去处理。

"这是一件非常可怕的事情。很少有人可以从这个'漩涡'中恢复过来。我曾经尝试所有可能的手段以帮助这些人摆脱'漩涡'——或者更好些,去避免它的发生。

"不要误解我。我喜欢挑战人们的观点。没有人会比我更喜欢合理而又激烈的争论。这不是倔强或者坦率,这是工作。不过关键的是要知道什么时候去拥抱,什么时候去斥责。当然,武断的不愿意吸取教训的人必须开掉。我们所要做的是帮助那些知道自己已经被过失侵蚀了自信的人们摆脱困境,重塑自我。"

管理者们可以通过鼓励甚至奖励失败,着手培养敢于冒险、充满自信的工作团队。鼓励别人勇于冒险的一个方式是以自身的失败作为例子,公开坦诚地谈论自身的错误与挫折,以及从中得来的经验教训,让员工知道当你害怕、对结果没有把握时要敢于冒险。

第 02 章

松下电器产业株式会社

松下电器产业株式会社创建于1918年，创始人是被誉为"经营之神"的松下幸之助。创立之初是由3人组成的小作坊，经过几代人的努力，如今已经成为世界著名的国际综合性电子技术企业集团。

自创业以来，松下始终以"力图社会生活之改善和提高、为世界文化之发展作出贡献"作为社会使命和企业纲领。为了实现更丰富的社会生活及促进社会的发展，松下积极地进行从基础技术、商品技术到新生产技术等世界性的全方位的研究开发与经营活动。2005年度松下销售额为814.36亿美元，在世界45个国家和地区中有628家关联公司。

松下电器从事的事业主要有：数字AV网络化事业；节能环保事业；数字通信事业；系统工程设计事业；家用电器事业；住宅设施事业；空调设备事业；工业自动化设备事业及相关事业的元器件、零部件事业；网络、软件事业等。在这些领域，松下从事着产品的研究开发、设计、制造、销售、售后服务等。

不该管的事让别人去管

古往今来，许多出色的管理者都是大权独揽，小权分散。用一句通俗的话说就是："该管的管，不该管的就让别人去管。"

有些公司，管理者在时，大家就很努力，管理者不在时，这些人立刻就精神懒散，什么工作都停滞不前。在这种环境下，团体的力量就无法发挥。

一个管理者能处理的工作量有限，即使再能干，顶多也只能做三倍的工作。所以，聪明的管理者应该尽量将工作做适当的分配，这样一来，即使他不在公司，工作也能顺利进行。

此外，要先让每个人都了解自己的工作。如果故意将事情复杂化，就会出现很多问题。这种管理者或许是不放心把事情交给别人做，害怕这么一来，无形中自我存在的价值就更小了。

其实，管理者把事情交给部属，并不表示责任没有了，他还是要时常注意工作进展的。管理者将一些简单的工作交由部属处理，自己则必须在思考新企划案、改善现状方面下功夫，也就是说，要做一些"计划性"的工作。如果管理者整天忙于工作，而无法对将来做计划，那么什么事也做不好。所以，担任管理者的第一步就是必须先做整体考虑，然后再采取相应对策。

某建设公司的营业部长谭先生，他桌上有着堆积如山的文件，常常被工作压得透不过气来。在参加管理者教育讲习后，谭先生学会了分析工作上的问题，回到工作岗位后，马上就着手于工作的重新分配。首先，把那些处理不完的文件为部属做个说明，经由他的说明后，每位部属都能愉快胜任。

谭先生的桌上不再有堆积如山的文件了。不仅部内的工作都进行得很顺利，还得到很好的评价，说他处理事情比以前更有效率。当然，这样谭先生就有充裕的时间，再去做新计划的推展了。

所以，管理者只要"向部属说明眼前应该处理的文件"，然后把事情交给他们处理，自己就能有充裕的时间，全力策划新工作了。

商人在经商的过程中也应如此，若是事无巨细，大包大揽，不仅使自己疲于奔命，而且也不会收到好的效果。比如：三国时的诸葛亮为报答刘备的知遇之恩，完成先帝的托孤之重任，"寝不安席，食不甘味"，"政事无巨细，咸决于亮"，终于积劳成疾，过早谢世。

而且，管理者把任何事情都包在自己身上，不仅终日忙碌不堪，还会严重挫伤部属的工作热情，"我们既然都是些无用之辈，就由他一个人干好了。"部属在这种思想影响下，就会消极被动地去工作，有些事本来能做好，也可能因没有积极性与主动性而办得很糟。忙忙碌碌地眉毛胡子一把抓，到头来很可能是"捡了芝麻，丢了西瓜"。

日本松下公司从1971年至1972年，出现了一个新的趋势，就是在市场、资源和劳力等三方面最有效的国家和地区创办工厂。松下倡议在马来西亚生产空调机，然后输入日本。开始松下公司的一些职员对此举不大理解，认为这样做似乎对日本不利。当时任公司空调机事业部出口科科长的国水昌彦说："那时日本松下一年出口二万台空调机，再在马来西亚建立年产十万台的空调机工厂，并且要求其中90%出口到包括日本在内的各国。为此，我们非常吃惊。我想这样太不合算！可上面强制性让干，又不能不干。拼命干吧！幸亏当地劳动力便宜，结果还不错，在质量上完全可以与日本媲美。"

松下在马来西亚建立空调机厂，利用当地大量而便宜的劳动力资源，他还让当地人担任该子公司管理者。松下坚持认为："在那里担任松下电器领导的应该是生长在那片土地上，并受到当地人尊敬的人。"为此，在工厂开办的第四个年头，他精心挑选当地人沙亚尔为管理者。沙亚尔是当地电力公司总经理、王族成员。松下授予国外各区域性子公司负责人以经理权、人事权。这样松下公司既促进了当地经济技术力量的发展，也增加了当地就业和税收，并使松下电器产品的生产成本更低，在世界市场上更具有竞争力。真是双方受益。

只有善于使用分权术的管理者，才能腾出时间和精力去想全局、抓大事，才能创造出最佳的业绩。当然，如何授权也是很有讲究的。要根据部下的品德和才能授权，不要只给部属一些鸡毛蒜皮的小权；要明确所授权限的范围，不要把授权当作推卸责任的"挡箭牌"；要定事定时授权，不可越级授权等。这一谋略不仅是所有管理者必须掌握和运用好的，也是所有从事商业经营的人必须从中悟出的经验，否则你将会后悔莫及。

正如我们都知道的一样，一个优秀的管理者，就是一艘船的舵手和风帆，应该有"运筹帷幄，决胜千里"的大气风范。如果为了一些琐碎小事而影响了整个团队的前进，实在是有些得不偿失了。老子讲究"无为而治",在这里"无为"应该理解为放手给下属,解放自己的精力和时间,不该管的事别管,去做一个决策者应该做的事情。这才是管理的最高境界。

指挥千军万马,不如善点良将

基于企业发展的不断需要,管理者已经不可能事必躬亲,而且员工的责任和权力之间的关系也应随着事业的发展重新进行定位。大胆给部下以权力与责任,不仅使工作进度快、效率高,而且上边的方针能很快传达到最下边,既有利于明确权力责任的范围,又能够激发员工的积极性,从而使企业的整体与局部紧密相连,促进公司的发展。

与其指挥千人,不如指挥百人;与其指挥百人,不如指挥十人。帅才善点将,将才善点兵。作为管理者要想成功,就要让管理回归简单,即擅长管理手下的几员大将而不是指挥千军万马,这是管理的灵魂之所在。

1933年,松下电器出现突飞猛进的发展势头,短短时间内,员工已增加到1400多人,这在制造业中已算是可以的了,放在电器界更可以说是名列前茅的企业。不过松下知道,任何企业在规模相对较小时,管理者能游刃有余、单枪匹马地管理企业的事情。然而,随着企业规模的扩大、员工的增多,管理者就会逐步感到力不从心,造成企业整体或局部处于崩溃边缘。

松下也曾经把一些权力交给下属,但因工厂尚未相对独立,管理者仍不敢放手去做,事事还得向松下请示,请松下裁定决策。在这种责任、权限划分模糊不清的情况下,出现问题是免不了的。但松下却不原谅自己,而是自咎反省,寻找新的途径:一定得下放权力,一定得相对独立。虽然各工厂都勤勉尽力,但实际效果却有好坏之分。各工厂的待遇都是一样的,这是不公平的。

长此以往，必然会滋生懒惰、保守、不思进取的陋习。

第二年，松下采取惊人之举，大刀阔斧推行"事业部制度"，将企业分成若干事业部。这样一来，每一个事业部就像一个小型企业，在生产、销售、财务、研究开发等方面都相对独立，拥有一定的自主权。这样只需直接管理几个部长，再由部长指挥员工，实现了最佳的管理目的。

松下认为"事业部制度"实际是一种"分权管理"的方式。部长对客户负责，各厂长对部长负责，员工对厂长负责。从表面形式看，每一事业部都是独立的经济实体，合起来，又成为一个大企业。相互之间又是固定的子公司与母公司的关系。

松下认为，集权与分权并存，两者都得有个适当的度。为此，应制定若干措施并加以有效的管理：

（1）每个事业部的领导处理本部的事情，但必须定期向总公司汇报。

（2）各事业部财务独立，但盈余需交总公司统一规划管理，要想融资扩充本部的领导，均需向总公司申请。

（3）日常教育由各事业部独立进行，但是和企业的宗旨、理念不能相悖。每一个员工均需要接受松下经营哲学的教育和学习，以培养出志同道合、目标一致的松下人。

（4）员工管理和人事的进出由各事业部负责，但人事的升迁必须由总公司统一裁决。另外，高中毕业以上学历的员工，未经总公司的认可，不得擅自录用。

（5）各事业部独立面向市场竞争，但如果其中一个部门研发的产品和另一个部门冲突，必须报总公司审批并裁决。

我们再来看看这种分权制度的优点：

（1）不但使企业的规模扩大，而且解决了高端管理者力不从心的问题。

（2）每一事业部都是一个责任中心，产品划分，责任分明，盈亏明朗，便于考核。

（3）各事业部都具有小型企业之特点，互相学习，互相竞争，互相促进，因此能培养出许多支术专才。

（4）由于各事业部部长负盈亏的全部责任，这就要求他们必须关注市场，关注消费者的需求。

（5）每一事业部都必须靠自己想办法盈利。培养他们独立自主的能力。

管理者要培养自己成为善点大将的帅才，而不是指挥千军万马的大将。如此方能让企业在竞争中永远立于不败之地。

作为一名管理者，为了取得成功，你不需要去控制每一个下属。你可以通过有限的几个关键人物去控制几十人、几百人，甚至几千人。

让最合适的人做最合适的事

管理者并不只是任意挑选想用的人，而在于使自己的部属都能得到适当的运用，发挥最大的能量。

任何人做一件工作，都应该仔细考虑：自己能干什么？自己适合干什么？选择工作是国企还是外企，是大公司还是中小企业？这都要因人而定。比如说：有的人在大公司很称职，有的人在中小企业反而会有更好的发挥，能够获得足够的经验，变得日趋成熟。

人生一世，理想和希望是必需的，欲望和野心也是可以有的，但却要控制，不能任其膨胀。实际上，欲望和希望，野心和理想相隔的仅是一步之遥，超越了，就可能转化成对方。因此，即便是在构筑理想和希望之时，也要踏实一些。松下幸之助认为，不为名利所动，在适合自己的岗位上工作，才是人生的真正乐趣。倘若为名利地位而去干那些不适合自己的工作，必然惨遭失败，从而剥夺了自己的工作乐趣，也会给社会带来痛苦。

松下幸之助认为：年轻人抱着理想或希望并非不可，但对个人的欲念则要给以某种程度的抑制。什么样的人适合担当领导职务，哪些人又不适合担任领导职务呢？松下积累了数十年的经验告诉我们：一个用人的基本原则——适才适用。小材大用，大材小用，都不是理想的用人准则，唯有适才适用，才能使人发挥最大的能量。另外，适才适用的另一层含义是，适合组织人事工作的，不能让他搞营销；适合钻研技术的，不能让他搞行政，也就是说，才能和职务必须相适应。

但是，鉴于日本论资排辈的传统习惯的影响，松下幸之助认为依上述原则的提拔也不应该草率。因此，在强调适才适用的同时，也要考虑按年资考绩的提升，即把提升与服务时间的长短挂起钩来。和年轻人比较起来，年长者经验充足，他们的年资和经验这两项，很容易受到年轻人的爱戴和拥护，所以对公司的业务也是大有助益的。

虽然在日本每个人都明白"适才适用"的重要性，但是，往往在实行这种职位提升的办法时，常会受传统年资观念的牵制与阻挠。长期累积的结果，造成了坚固难破的成见，要想改变，绝非一朝一夕所能达成的。松下认为，如果要纠正这种封建观念，就必须从小学教育开始，让每一个人从小就能建立起"适才适用"的观念，把年资当作是职位提升的一种补充条件，而非必要条件。

年资考绩和适才适用，各有优缺点，怎样协调二者呢？松下的经验告诉了我们这样一个比例，即在提升的时候，考虑的因素中年资占70%，才干占30%，这样才比较合适。如果是相反，就可能因经验不足而闹出笑话来。

年资、才干的比例之和是100%，但是，提拔一个人的时候，并不一定要有100%的把握。因此，有时候要抱着"为所当为"的大无畏气概为公司的前途和业绩而冒一些险。松下就实施这样的制度，他说，如果确信某人 60% 的能力，便可以试着提拔到更高一级的职务。其中这 60% 是判断，其余 40% 是下赌注。应该注意到的是，有些人看起来只有 60 分，但由于公司的信赖和支持，往往能极其出色地完成工作。

在这种难以推行"适才适用"的情况中，同时还蕴含着另一个值得重视的问题——提升的人才，是否真能"适才适用"？所谓"适才适用"，就是要选择适当的人才，给予适当的职位。一般公司实施的"适才适用"提升制度大都是依照人品、健康状况、经历等作为评判的标准。但是，这并不是百分之百的正确。有时，我们认为某人有 80 分的程度，可是真正做起事来却往往只有 50 分的能力。相反的，有人的办事能力却出乎意料之外。的确，我们是不能够只凭外表和年龄来判定其内在的涵养。因此，提拔制度必须谨慎地进行。

松下说：对于有功者在公司的任职，要非常注意不可。一般来说，对有功者应给以"俸禄"，在公司也就是要给予奖金。对有功者以高职的回报是错误的，高职应与高能力配合，而有功者和高能力并不能画等号。如果不是这样，结果是显而易见的。任何一个经营者都不能囿于成见和习惯势力的压迫，而委高职于才能平平的人。

松下明智地看到了年轻人的力量，主张"实力胜于资历""让年轻人任高职"。之所以有这样的主张，是基于生理的、社会的基础。松下认为，一个人，30 岁是体力的顶峰时期，智力则在 40 岁时最高，过了这个阶段，智力、体力就会下降，慢慢地走下坡路。尽管也有例外，但大体情况如此。因此，职位、责任，都应与此相适应，才是合乎规律的。

松下提出的"实力"概念，是很有意味的。他认为，有实力，不仅要能知，而且更要能行，这才是实力的象征。阅历、经验，当然是年长者多一些，但这并不等于"实力"，老年人也许能知，但往往力不从心，所以，未必能行。相比较来说，还是三四十岁的人更具实力。有实力的人，当然应该委以重任。

同样，创造也是离不开年轻人的，这是与人在各年龄段的生活观念相联系的。人的眼光也有年龄的区别：青年人向前看，中年人四周看，老年人回头看。因此，老年人易于保守，给他们创新的任务显然是不合适的，这项使命应该放在年轻人的肩上。

但是，根深蒂固的东方文化传统，并不轻易容许年轻人脱颖而出。松下深知此点，因此，他有一个缓冲的办法，那就是经常听取年轻人的意见。松下在决定一件事的时候，往往要听取年轻人的意见，亲自向他们问询。如果年轻人直接把自己的意见讲出来，正确并富有建设性，也会因为人微言轻而不被采纳；但如果公司领导征求他们的意见，让经营者自己说出来，分量就大不一样了。这就是巧妙的领导艺术，松下很看重和欣赏这种技巧。他认为年长的企业管理者，应该吸取年轻人的智慧，巧妙地推进工作。

管理者要驾驭人才，就要准确地识别人才，合理使用人才。大材小用，小材大用，都不合适。唯有适才适用才是各级各项工作层层推进的重要保证。

最重要的工作是提出愿景并激励他人为此奋斗

凡是成功的企业，都拥有一个激动人心的"共同愿景"：

通用电气——"使世界更光明"；

IBM 公司——"无论是一小步，还是一大步，都要带动人类的进步"；

苹果电脑公司——"让每人拥有一台计算机"；

AT&T 公司——"建立全球电话服务网"；

福特汽车公司——"让每一个人都能拥有汽车"；

联想电脑公司——"扛起民族微机工业的大旗"；

……

第 02 章
松下电器产业株式会社

在 1933 年松下电器公司的创业十五周年纪念日讲话中,松下幸之助详细阐述了实现企业共同愿景的设想。其著名的 250 年计划即是从这里开始:

"从今天起,往后算 250 年,作为达成使命的期间。把 250 年分成 10 个阶段。再把第一个 25 年分成三期,第一期的 10 年,当作建设时代;第二期的 10 年,当作活动时代;第三期的 5 年,当作贡献时代。以上三期,第一阶段的 25 年,就是现在的各位所要活动的时间。第二阶段以后,有我们的下一代,用同样的方法重复实践。第三阶段,也同样有他们的下一代,用同样的方法重复实践。依此类推,直到第 10 个阶段。换句话说,250 年以后,要把这个世界变成一个物质丰富的乐土。

"如上所述,我们的使命,既任重又道远。从此刻起,我们要把这个远大的理想和崇高的使命,当作我们松下电器的使命。你们应该要自觉、勇敢地承受使命,若某人没有这种自觉的意识,我不得不认为他是与我们松下电器无缘的人。我们并不希求人数众多,我们需要的是,有使命感的人团结起来,朝着目标前进,这才是有意义的事。

"在此我必须声明一句话:我们的使命重大,理想崇高。因此,有时我不得不以严峻的态度要求你们。可是对各位的辛劳,一定会重重地酬谢。

"松下电器从未设立过创业纪念日,也未曾举办过纪念典礼。可是今天我要指定 5 月 5 日是我们的创业纪念日,以后每逢这一天,一定要举行隆重的典礼来祝贺。我要把今年取名叫'命知'创业第一年,以后应当是命知第二年、第三年,依此类推,直到'命知'250 年。'命知'的意义就是'知道生命'的意思。过去 15 年,只是胚胎期,今天,新的生命终于诞生了。释迦牟尼在母亲胎中孕育了 3 年 3 个月的时间,所以他会有异于常人、不平凡的创举。松下电器在母亲肚子里,呆了整整 15 个年头,我们应该有超越释迦牟尼的表现,完成我们的任务才行。"

听了松下幸之助关于共同愿景的演讲，全体松下员工无不为之斗志昂扬，宣誓为之奋斗终生。

正是在"要把这个世界变成一个物质丰富的乐土"这个共同愿景的指引和感召之下，松下电器公司成为了当今世界上数一数二的跨国公司，并且为人类文明的进步和发展作出了卓越的贡献。

我们再来看看福特公司是如何做的。一百多年前，亨利·福特说他的愿景是："使每一个人都拥有一辆汽车。"很多人认为他疯了。但是，当他离开这个世界时，福特的T型车在美国卖出了1500多万辆，他的梦想已在当今的美国社会完全实现。在他的墓碑上刻着这样一句话："在他来到这个世界时，人们骑着马；当他离开这个世界时，人们开着车。"

正是亨利·福特伟大的愿景激励着福特公司的员工，为着一个伟大的梦想而奋斗，使福特公司成为今天世界上第二大汽车公司，也造就了福特公司这一伟大的团队。

一个企业必须有一个往何处发展的愿景，这样员工才能知道为了到达那个方向和目标，应该学习什么。一个人要想使自己的人生之路走得更好，就要为自己树立一个长远的目标。

员工的热情源自对企业未来的信心

盖房子的时候，建筑师把自己的想法具体地表现在蓝图上，再依照蓝图完成建筑物。如果没有建筑师的具体规划就无法完成。同样的道理，企业在行动时也必须要有行动的蓝图，也就是精密的具体理想或目标。

人力资源管理的最佳境界就是把每个员工的理想、抱负与企业前途紧密地结合在一起，共同发展。员工认为企业有前途，才会留下来努力工作；相反，如果员工对企业前途没有信心，就会产生一种前途未卜的恐惧心理以及对业绩成长的忧虑。在这种心理影响下，员工就会表现为混日子、悲观消极、缺乏责任心和事业心，甚至整天想着跳槽。这样的心态，当然对员工个人的成长和企业的发展都极为不利。

要使员工对企业前途充满信心，就要让员工了解企业的优势和发展目标及企业的美好前景。员工看见了企业发展的蓝图和目标，才会主动地把个人的事业和企业的前途紧密地连在一起。

明确的企业发展目标是调动员工积极性的有效手段，员工越了解公司目标，归属感越强，公司就越有向心力。

不断地提出适合企业发展的目标，让员工对企业前途充满信心，是松下先生的重要激励谋略。早在1933年，松下幸之助在向企业员工演讲使命感的时候，曾经描绘了一个在250年内达成使命的愿景。

松下的这个规划，可以说是绝无仅有的，不仅在企业界未有先例，就是那些赫赫有名的政治改革家，也没有多少人有这样宏伟的规划。难能可贵的是，时至今日，可以说他的梦想正在一步一步地实现着。而更为现实的是，松下的这种规划让每个员工都拥有了灿烂辉煌的梦想，使员工对企业的前途充满了信心，从而提高了他们的工作热情和积极性，提高了工作效率，促进了企业的快速发展。其作用是不可估量的。

松下说："经营者的重大责任之一，就是让员工拥有梦想，并指出努力的目标。否则，就没有资格当领导。"

也许有人会说，松下电器之所以能够把梦想变为现实，完全是因为松下电器公司的经营一直都很顺利的缘故，如果经营状态不那么理想，松下先生的目标就不可能实现。实际上，企业经营顺利时，需要制定远景目标，把企业做大做强；经营出现困难时，更需要制定改进目标，凝聚人气，走出困境。战后的松下电器公司正处于惨淡经营之中，但松下先生却不曾因此放弃为公司制定目标。由于目标明确，松下电器公司才能在很短时间内就走出困境，续写辉煌。

如果是以强权或权威来压制一个人，这个人做起事来就失去了真正的动力。抓住人的期待并予以具体化，使其为了实现这个具体化的期待而努力，这就赋予了其动力。因为具体化期待是能够实现的目标。善于激励人的管理者，能够将大家所期待的未来的愿景，着上艳丽的色彩。这愿景经过他的润饰后，就不再是微不足道的小事，而是形象生动的美好蓝图。大家对企业的未来充满了信心，热情自然高涨，士气自然高昂。

培养人才是一种战略性投资

许多管理者认为员工培训成本很高，并且，在短期内看不到什么效益。这种看法普遍存在，却是非常错误的。世界上许多大企业早就把员工培训费用看成是一种投资，而且是一种回报率很高的投资。韩国三星集团每年的员工培训费用为5600万美元。早在20世纪80年代，电讯巨头摩托罗拉公司做过的一次调查表明：每1美元的培训费用，在3年内可实现40美元的生产效益。

著名企业管理学教授沃伦·本尼斯说："员工培训是企业风险最小、收益最大的战略性投资。"这句话阐明了现代培训对于企业的重要意义。

遗憾的是，有很多公司的管理者并没有意识到这一点，他们只是一味地要求员工提高工作效率、提升产品质量。殊不知，一个只具有陈旧知识和技能的员工的公司，它的产品质量如何能够超过其原有的水平，它的生产效率又如何能够得到提高呢？

松下幸之助是一个很看重员工培训的企业家，他要求对全公司的员工都进行培训，任何新到公司的人都要进行岗前培训，合格后才能上岗。

松下电器公司对培养人才的重视，使其每年支出的员工培训费和科研开发费约占其营业额的8%。人们说，在竞争激烈的国际市场中，松下电器公司赢就赢在其对人才的培养上。

在现代企业里，年轻的员工是企业的新鲜血液，是企业永远保持旺盛生命力的依托所在。因此，成功的管理者总是注重对年轻员工的培养工作，以便让他们迅速地成长起来，充实到企业生产的第一线，充当企业的生力军。

爱森公司是一家促销代理商，该公司为其员工开设了一间"午间大学"，举办一系列内部研讨会，由外部专家亲临讲授，涉及的课题有直接营销和调研。此外，如果员工要考更高学位，而这些学位又与业务有关，并且员工也能考出好成绩，公司则会全额资助。

该公司的行政总监杰弗里说："我们将公司收入的2%投入到各项培训教育中去。员工对此表示欢迎，因为这是另一种收入形式。"

员工培训是企业管理者的重要工作，日本的一些企业甚至明文规定，企业管理者有培养员工的责任，并将管理者是否有能力培养下级作为考察管理者是否称职的一个重要指标。

管理者应该把培训看作是对未来——自己公司的未来的战略性投资。在过去几年中，许多公司的管理者将培训与员工的再教育提高到公司战略目标的地位。这些公司的管理者们认识到，有一个远景目标固然是件好事，但如果没有具备实现公司规划的知识技能的员工，这个目标是永远不可能达到的。

管理者应该让员工们时刻接受挑战，使员工时刻都具有提高能力的热情。这样他们才能学到新的知识，改进已有的技能，公司才能不断发展壮大。

第 03 章

IBM 公司

国际商业机器公司，或万国商业机器公司，简称 IBM（International Business Machines Corporation），总公司在美国纽约州阿蒙克市，公司 1911 年创立，是全球最大的信息技术和业务解决方案公司，目前拥有全球雇员 30 多万人，业务遍及 160 多个国家和地区。2006 年，IBM 公司的全球营业收入达到 914 亿美元。该公司创立时的主要业务为商用打字机，之后转为文字处理机，然后发展到计算机和相关的服务。

在过去的 90 多年里，世界经济不断发展，现代科学日新月异，IBM 始终以超前的技术、出色的管理和独树一帜的产品领导着全球信息工业的发展，保证了世界范围内几乎所有行业用户对信息处理的全方位需求。

IBM 创始人为老托马斯·沃森，后来公司在他的儿子小托马斯·沃森的率领下开创了计算机时代。

IBM 目前仍然保持着拥有全世界最多专利的地位。自 1993 年起，IBM 连续 13 年出现在全美专利注册排行榜的榜首位置。到 2002 年，IBM 的研发人员共累积荣获专利 22358 项，这一纪录史无前例，远远超过 IT 界排名前 11 大美国企业所取得的专利总和。这 11 家 IT 强手包括：惠普、英特尔、Sun、微软、戴尔等。IBM 在 2005 年提出了 2941 项专利申请，虽然少于 2004 年的 3248 项专利申请，但是仍旧将第二名甩开很大的距离。

让员工拥有弹性的工作计划

随着信息技术的迅猛发展和办公手段的日益完善，固定的工作场所和工作时间已经没有多大的实际意义。固定的工作程序和规则只会限制员工创造力的发挥，不利于员工更好地成长。鉴于此，管理者进行工作设计时，应力争体现员工的个人意愿和特征，避免僵硬的工作模式，让员工拥有弹性的工作计划。

弹性工作计划包括弹性工作时间、弹性工作地点、弹性工作分担、弹性的工作实施计划。具体地讲，也就是在完成规定的工作任务，或者固定的工作时间的前提下，员工可以自行采取可伸缩的工作时间，安排工作实施计划，以及灵活多变的工作地点，为员工营造一个自由发挥的创造性的工作环境。弹性工作计划使员工能更有效地安排工作与闲暇，达到时间和精力的合理配置，有利于员工更好地完成工作任务。

1911年，IBM在美国成立。经历了百年的风风雨雨，今天的IBM已经成为计算机市场上的"大哥大"，它垄断了全世界所有发达国家的大型计算机市场，领导着计算机行业的发展潮流。IBM的管理者认为，IBM的成功凝结着千千万万员工的辛劳和智慧。在他们眼里，每个员工都有着无穷的潜力。只要给他们能充分发挥聪明才智的空间，他们就能创造奇迹。每个人都有施展才华的欲望。

在实际工作中，有上进心的员工希望看到通过自己的工作设计完成工作，使公司得以健康发展，而不是在管理者指导下完成任务。后者容易使人把"完成工作"归功于管理者指导有方，前者却能充分展示员工的实际实力，满足员工的成就感，使员工深刻体会到个人价值。用一位成功企业家的话来讲，即"是骏马，给你草原尽情奔驰，是雄鹰，给你蓝天展翅飞翔"。为了激发起员工的主观能动性，IBM公司采取了独特的激励方式，给予员工极大的工作自主权，使他们可以像公司管理者那样，自己确定自己的工作任务。

从1936年开始，IBM公司便取消了传统定额和奖金，取消了计件工资，代之以正式薪金。在决定正式薪金时，公司并不规定某个工人一个月或一年的产量应是多少，而是由工人自行确定一个月或一年的产量，并以此产量来决定其月薪或年薪。让员工自主安排产量，不但增加了员工对自身工作情况和能力的了解，还使员工摆脱了固定产量的束缚，有效地调动了所有员工的积极性、创造性，提高了生产率。更为重要的是，员工们都自觉地学习技术，提高能力，进而使 IBM 公司的劳动生产率和利润不断上升。

让员工拥有弹性的工作计划，对于高科技型员工来说尤为重要。它可以最大限度地引爆他们的知识能量，让企业在人才竞争上赢得优势。相对于一般的员工，高科技型员工更多地从事思维性工作，具有特殊的技能，掌握着作为第一生产力的科学知识。这类员工对工作的自主性要求相对也比较高，他们不喜欢刻板的工作方式，不愿意受制于物，更无法忍受上司的监控和指挥。

因此，对于高科技型员工，管理者更应以弹性的工作计划来满足其需要。在实际管理过程中，管理者只需对高科技员工知识需要的投入和产出进行控制，工作过程、标准、方法、进度由他们自己安排，实行自我管理、自我监督。不要让他们受时间和空间的限制，更不要用刻板的方式来约束他们。过多的监督、控制和约束，只会扼杀高科技型员工的创造天性，束缚他们的个性张扬，不利于能力的正常发挥。

据报道，美国不少高科技企业为了激发员工的工作热情，留住来之不易的尖子人才，纷纷为员工打造弹性工作的平台。才华横溢的乔治，在美国硅谷的一家网络终端公司供职。在那里，他有个好听的绰号——"快乐工程师"。3 年前，乔治毕业于斯坦福大学。他非常渴望得到一份既能赚钱，又不耽误白天打高尔夫球的工作。乔治是个超级高尔夫球球迷，到网络公司应聘时，乔治明确地将这一就业愿望表白出来。

该网络终端公司了解到这一切后，当即满足了他的要求，乔治兴奋极了。到该公司就职后，乔治每天早晨 10 点左右起床，11 点开始跑步，午饭后稍事休息便出去打高尔夫球，直到晚饭后他才真正开始工作，但工作效率和质量都非常高。现在，出色的工作业绩已使乔治身价倍增，许多世界知名公司纷纷向他发出了"邀请函"。但乔治毫不心动。他说："原因嘛很简单，在这里我有独立工作的自由，以及更具张力的工作安排。而我需要它们，喜欢它们。是'自由'给了我无穷的创造力。"

"管理中没有激励是万万不可的，但同样不存在万能的激励措施。"作为一名现代管理者，永远不要企图仅通过"弹性的工作计划"这一激励措施，达到激励员工的目的，更不能企图用一个"弹性工作计划"去激励所有的员工。

在企业中，员工的能力良莠不齐，这是不容回避的事实。因此，制定弹性的工作计划不可等同划一，应因人而异。在具体操作过程中，管理者首先应从宏观上设计出合理、公正的组织激励方案，然后，再从微观上针对不同员工的特点和真实情况，灵活而综合地制定出"弹性的工作计划"。这样，"弹性工作计划"才能有针对性地激励员工，最大限度地激发每个员工的潜能。

"弹性工作计划"只是在一定程度上给了下属一个自由空间，并给了下属一定的激励，它可以降低因工作时间过长而带来的感官疲劳，并且提高工作中的民主性。弹性工作计划的实行，使员工乐于在工作中接受更大的压力，使管理变得更加和谐，减少了与上级领导之间的隔阂。这是一种无"薪"的激励，这种无"薪"的激励，则更能体现出管理者的领导能力和企业管理水平。

着眼于结果，树立绩效意识

现代企业着眼于结果，实施结果管理，是评价员工创造价值和提升员工个人技能的有效手段。企业通过一系列的评价指标，对员工的行为和行动作出公正、合理并且令人信服的评价，从而依据评价结果作出晋升、降职、调动、开展培训和调换工作或辞退等决定。

工作结果考核不仅可以对员工的当前表现作出评价，而且还能影响员工以后的行动，使之树立绩效观念，总结经验教训，进一步改进工作方法，提高工作效率。

在向结果型企业转变的过程中，企业要想树立员工的绩效意识，提高员工的执行力，就需要在管理中以员工的执行结果为重点，运用考核的办法使员工改变低功效甚至于无功效的工作方式，踏踏实实地提高每一环节的工作效率。

在20世纪90年代，IBM的管理已经到了名存实亡的地步，管理者们只在形式上用几项无关紧要的指标对员工的行为进行评价，然后就作出了奖惩决定。没有一个员工思考如何提高自己的工作绩效，相反他们都在盯着那些干得更少而工资和福利并没有太大变化的同事，并毫不掩饰地向管理者表示不满。

由于当时IBM的薪酬制度存在着严重的缺陷和不足：各级员工的待遇主要由薪水组成，此外还有很少量的奖金、股票期权和部门绩效工资，工资待遇级别很小而且过于强调福利，这就使得员工业绩的好坏无法体现在薪资水平上。

面对这种情况，新一届管理层首先对薪酬制度进行了改革。变固定工资为与业绩挂钩的浮动工资，另外加大股票期权和奖金在员工总收入中的比重，对那些认真完成工作、积极改进绩效的员工给予奖励。他还废除了家长式的福利制度，不认真完成工作、绩效差的人只能得到保底工资，而不再像以前那样尽管没有完成工作，但照样拿到丰厚的薪水。

通过此举，公司打破长久以来的"大锅饭"作风，在绩效考核中加入了工作成果的内容，并把员工的工作成果作为薪酬水平的衡量依据。

为了使新的薪酬制度发挥更大的效果，新的领导层进一步调整了已经严重脱离现实的绩效考核制度。为员工设计了切合实际的绩效目标，以及更加科学合理的评价标准，使员工形成了一种只有切实地做好执行工作才有可能获得升迁机会的思想。

这样，IBM公司成功地改变了员工的行为方式，使他们更加注重业绩和结果了。员工的这种行为方式的改变，极大地促进了 IBM 公司业务的发展。

企业管理者不仅要在绩效考核中加入执行结果的内容，还要在整个结果管理的过程中注意执行力的提升。只有在结果管理实施的过程中倡导执行结果，企业才能更快更好地改变员工的行为方式，促之改进工作业绩，提高绩效意识。

企业的管理者在整个结果管理的流程中，都必须深入到具体问题中去，真正指导员工改善业绩水平。只有管理者以身作则、注重实际，员工才会改变行为、注重执行，也只有管理者不断地与员工进行充分的沟通，企业的绩效管理水平才会得以提高。

大众汽车公司一直被认为是最为科学和理性的公司，而最能体现其理性特点的莫过于其结果管理。在大众汽车公司，结果管理工作被当作一个系统工程。管理者和员工共同讨论和制定绩效目标，并且这个结果目标必须是具体的、可执行的、有明确时间表的。只有员工能够准确地描述自己的具体工作是什么、这些工作的具体标准是什么、为什么要做这些工作以及这些工作的时间期限等等，绩效计划的工作才能告一段落。

大众的绩效考核十分注意对员工的执行结果进行考核。大众汽车在考核中引入了六西格玛（6σ）概念，用它来解决管理人员、公关人员的考核不易量化的难题。而员工也可根据这些行为准则评价自己的上司。对于具体执行工作，能量化的尽可能用严格的标准量化，如公关人员的工作量化可以用接了多少个电话、回了多少电话、用多少时间来回答、安排了多少采访等进行。通过对这些十分具体的工作的考查，不仅公关人员、管理人员更加务实和注重结果了，其他的员工也深受结果文化的感染，积极改变自己的行为方式。

除了对工作业绩进行考核以外，大众汽车公司还对员工的价值观等方面进行考核。每一个进入大众汽车公司的员工都要经过一系列的价值观培训，使员工理解和强化公司的价值观。考核不是让员工背诵价值观，而是考查员工是否在平时的工作和生活中用实际行动和工作的结果来说明价值观。

通过大众汽车的结果管理，我们不难看出公司对于员工是否用实际行动执行计划、实践战略和价值观的重视，以及对各级管理人员在执行和关注具体结果方面的高要求。

无数的事实已经证明，企业要想建立起以结果为导向的执行文化，提高整个企业的实力，必须在管理中加入结果绩效的内容，并把这一内容作为考核的核心，牢固树立员工的绩效意识。此外还要求各级管理者在结果管理的全过程中起到榜样作用，才能使企业更好地实现员工行为方式的改变。

有效的业绩考核制度，能将员工个人工作表现的状况和企业的目标紧密地结合起来。

改变环境不如改变自己

森林里，住着三只蜥蜴。其中一只看到自己的身体和周围的环境大不相同，便对另外两只蜥蜴说："我们住在这里实在太不安全了，要想办法改变环境才可以。"说完，这只蜥蜴便开始大兴土木起来。另一只蜥蜴看了说："这样太麻烦了，环境有时不是我们能改变的，不如我们另外找一个地方生活。"说完，它便拎起包袱走了。第三只蜥蜴，也看了看四周，问道："为什么一定要改变环境来适应我们，为什么不改变自己来适应环境呢？"说完，它便借着阳光和阴影，慢慢改变自己的肤色。长此以往，它就渐渐在树干上隐身了。

三只蜥蜴对于同样的环境给出了不同的做法。企业对外部环境的适应也就像那三只蜥蜴一样有着不同的做法，有的改变环境，有的逃离环境，也有的主动改变自己去适应环境。第一种方法需要自己有较强的实力，一般企业根本无法企及；第二种方法则是自欺欺人，环境虽大，可逃的地方终究少，逃避解决不了任何问题；第三种方法从自身下功夫才是为人所称道的。

IBM在电脑发展初期，公司上下均坚持这样一个信条："未来电脑发展将会走上电力公司的路子"。具体来说，该公司深知，且相信能以严谨的科学证实，未来人类将发展出像火车站一样，具有强大威力的主机型电脑，可供无以数计的使用者连线使用。各个领域的专家都同意这一观点。然而，就在这种火车站式、主机导向的信息系统正要进入人类的现实生活时，突然间，两个年轻人却打算开发全世界第一部个人电脑。当时，所有电脑制造商都把这种机型当笑话看。从内存、硬盘容量、处理数据的速度，一直到计算能力来看，没有一项是PC可以赖以成功的条件。事实上，每一家电脑制造商均断言，将来PC一定会失败——其实在那时的几年之前，施乐公司（Xerox）的开发部门就已经造出了第一部PC了，只是当时该公司也认为这种产品行不通而决定放弃。然而当这种产品陆续上市之后，立即赢得了消费者的青睐。

回顾过去的历史，任何一个在市场上叱咤风云几十年的大企业，一旦碰到这种突然的变化，一开始的反应都是拒绝接受事实。面对个人电脑的兴起，大多数主机型电脑制造商的反应都是嗤之以鼻。当时，IBM一家公司的年产量，就相当于其他所有同业的总和，而且其利润也创下历史新高，非常可能和其他公司有相同的反应。但是相反的，IBM立刻很现实地接受了PC这种产品。管理阶层撇开一切旧有的政策、规则与规定，几乎是在一夜之间，就成立了不是一个、而是两个互相竞争的开发团队，要求他们设计出更简单的PC。两年后，IBM已经变成了全世界最大的PC制造商。该公司所生产个人电脑的规格也成了产业标准。

对于同样的环境，施乐公司固守陈旧观念不思改变而错失了商机；IBM公司虽然在最初也同样不看好PC机，但它仍然以适应市场为主，抛弃陈规作出了快速反应，它也因此而成为了世界上最大的 PC 制造商。

在现代竞争激烈的市场环境中，那些以自我为中心、不肯改变自己的企业只能为市场所淘汰。

权变的管理者很重视环境条件，他们会根据环境的具体情况，确保自己的行动和决策既达到目的又不违反客观实际。环境是用人活动发生、发展和实现的基础，它为管理者提供了充分施展才能的活动舞台，又同时给管理者构筑了许多限制框架和制约条件。

用人之道随环境而变，主要表现为对环境的适应。有人研究过入主白宫的历届美国总统，发现他们在正式行使总统大权之前，大多要认真研究和仔细审视白宫的环境，以便调整自己的行为来适应新的环境形势。

罗斯福总统在他就任的前一百天中，就从了解和熟悉有关的官僚制度入手，使自己完成了对环境的适应过程，因此，他一上台就表现出如何利用这一制度去开展用人活动的非凡才能。杜鲁门、艾森豪威尔、约翰逊、肯尼迪、尼克松以及福特总统，掌权之前也都经过了一个熟悉政治、经济和文化环境的适应过程，积累了扮演从政角色的经验。所以当他们以总统身份开展用人活动时，就比较得心应手。据说卡特总统在位期间，这方面的能力不如上述的几位总统那么出色，因而处处受到国会的牵制，成为被社会舆论讥讽的"深受折磨的一位管理者"。这些事例对于一个企业，尤其像世界 500 强这样的超大企业中的管理者如何适应公司内部大环境的变化敲响了警钟。

只有那些能够自如地应对经营环境的变化，不断进行自我变革的企业才可能超越时代保持住自身的优势。

选人才事业兴，选奴才事业衰

人才和奴才，虽然在字面上都带有一个"才"，但在本质上却有着很大差异。前者有才，后者也有"才"，只不过后者之"才"是歪才罢了。问题是，萝卜白菜，各有所爱，有的管理者喜欢用人才，有的管理者喜欢用奴才，毕竟是现实生活中一个不争的事实。这是为什么？有人简单地概括为八个字：人才难用，奴才好用。

这话是有一定道理的。在一些单位里，有用的人才被闲置不用，而没用的奴才却被委以重任，"掌门人"往往振振有词，美其名曰"不拘一格用人才"。某些人就是喜欢奴才，奴才听话、顺从和好用，可以不厌其烦地跑前跑后，并且还有领会意图、投其所好、逆来顺受、阿谀奉承等一大堆"优点"，如果再加上连着裙带和沾点贿赂之类的微妙关系，那就是妙不可言了，用来"辅佐"，夫复何求？在这样的管理者眼里，人才与奴才一比显然没了"长处"，靠边站也就不足为奇了。所以 用奴才不用人才，追究到更深一层，则是用人机制不合理。

"楚王好细腰，宫中多饿死。"有人喜欢奴才，就有人愿意当奴才，这是奴才能够生存的环境所产生的因果关系。试想，如果没有人喜欢奴才，世界上怎么会有奴才！可怕的是，选用奴才的结果，只能是更加恶化用人环境，把事业搞得越来越糟。

在市场经济条件下，一切竞争归根到底是人才的竞争，重用人才，不用奴才，我们的事业才能立于不败之地。

美国IBM公司的总裁小托马斯·沃森是位经营企业的高手，其用人的特点即是：选人才不选奴才。

小沃森自小生活在其父老沃森身边，耳濡目染，非常崇敬和钦佩那些有本事的人。他从小就认识一位经理，叫雷德·拉莫特，这是一个极有能力的人。雷德·拉莫特认识IBM里所有的人，无论老少，对人有着合乎情理和不偏不倚的看法；面对老沃森敢于毫无顾忌地说出自己的真心话，敢于对小沃森提出严厉的忠告。小沃森说，这位经理对他教益极大，否则他会犯更多的错误。

有位"未来需求部"经理叫伯肯斯托克，是已去世的 IBM 公司第二把手柯克的好友。由于柯克与小沃森是对头，所以伯肯斯托克认为，柯克一死，小沃森就会收拾他。于是决定破罐子破摔，打算辞职。有一天，他闯进小沃森的办公室，大声嚷嚷道："我还有什么盼头！销售总经理的差事丢了，现在干着因人设事的闲差，有什么意思？"

小沃森的脾气相当暴躁，但面对故意找茬的伯肯斯托克，小沃森并没有发火，他了解他的心理。小沃森觉得，伯肯斯托克是个难得的人才，甚至比刚去世的柯克还精明。虽说此人是已故对手的好友，性格又桀骜不驯，但为了公司的前途，小沃森决定尽力挽留他。

后来，事实证明留下伯肯斯托克是极其正确的，因为在促使 IBM 做起计算机生意方面，伯肯斯托克的贡献最大。当小沃森极力劝说老沃森及 IBM 其他高级负责人尽快投入计算机行业时，公司总部响应者很少，而伯肯斯托克却全力支持他。正是由于他们俩的携手努力，才使 IBM 免于灭顶之灾，并走向辉煌的成功之路。

小沃森在回忆录中写道："我总是毫不犹豫地提拔我不喜欢的人。那种讨人喜欢的助手，喜欢与你一道外出钓鱼的好友，恰恰是管理的陷阱。相反，我总是寻找精明强干、爱挑毛病、语言尖刻、几乎令人生厌的人，他们能对你推心置腹。如果你能把这些人安排在你周围工作，耐心听取他们的意见，那么，你能取得的成就将是无限的。"

选人才事业兴，选奴才事业衰。管理者一定要对这一问题有一个充分的认识，毕竟企业发展靠的是人才，而不是奴才！

作为一个企业管理者，你的首要任务之一是培养一批接班人。而要能选出一批好的接班人，就需要管理者有一双鉴别"千里马"的慧眼才行。

纵观国内外的培养接班人案例，成功的企业不仅在机制与文化上已经成熟并达到一定高度，在对其员工的职业长期规划上也有详细考虑，不仅解决了信任与能力的问题，更有合理的培养计划和提拔制度。

• 第 04 章 •

索尼公司

索尼公司创始人之一井深大先生出生于1908年，1933年毕业于早稻田大学科学工程学院。早在还是学生的时候他就以"动态霓虹灯"获得巴黎万国博览会优秀发明奖。1946年5月，他同盛田昭夫先生以19万日元共同创立了东京通信工业株式会社，简称"东通工"，1958年更名为索尼公司。

索尼公司的总部在日本东京。索尼公司是横跨数码、生活用品、娱乐领域的世界巨擘。

没有永远的错误，只有不断改进后的正确

彼得·杜拉克说："管理是实践而不是实施，管理不是了解而是行为。"没有现成的管理条例供你实施，管理是在实践活动中逐步改进，从而找到正确的方法。这就要求管理者在管理实践中，勇于探索，勇于犯错，勇于承担责任。有责任才有动力，有目标才有方向，有实践才能改进，有改进才能正确，只有这样企业才会一步步地走向成功。

一直引领着电子产品新潮流的索尼公司，曾在《财富》杂志年度世界500强排行榜上排名第31位。但很少有人知道，它的前身是一个街道小企业。创始人之一的盛田昭夫从零开始，历经曲折、坎坷，带着索尼一步步走向辉煌，最终把它做成了跨国公司。

1946年，索尼公司的前身——东京通信工业公司成立了，这是盛田昭夫与井深大一起奋斗创建的。公司开创不长，他们就取得了新的进展，他们利用自己在物理学方面的专长，研制出了磁带录音机及磁带。这种录音机比原有钢丝录音机具备了三大优势：第一，革新了技术，使用方便；第二，录放的音质高，效果好；第三，比原来的成本大大降低。在有关专家鉴定的时候也是好评如潮，很多人都认为这种新型录音机一定能畅销。

盛田昭夫怀着激动的心情把它推向了市场，但是结果很出乎人的意

料。这种录音机不被大多数的购买者所接受。后经多方考证，原来是很多人还不清楚这种产品是干什么用的。于是，他们开始大量搞推销宣传活动。他们用汽车拉着产品，到公司、学校、商店以及任何人群聚集地去展示新产品。当用这种录音机录下人们的谈话，然后再放出来时，所有的人无不感到惊奇万分。经过一段时间之后，购买的人却依旧很少，这是为什么呢？原来大家都有同样的感觉：这东西确实很新鲜，也很实用，不过，如果把它买来做娱乐，价格就有些贵了。

事实让盛田昭夫非常失望，他一度怀疑自己是不是错了，压根就不应该生产出这个东西，不过他还是坚持着自己的信念。有一天，一件偶然的事情却让他明白了。他在一家古玩店发现：有一个非常破旧的瓶子，在别人眼里看来是没有什么实用价值，结果一位顾客却毫不犹豫地以高价将它买下了。这件事让盛田昭夫茅塞顿开：原来不是产品的问题，是自己的销售方式的问题。任何事物对于适用者才有价值，正所谓物尽所值，才能物尽其用。一定得面向能用得到它的人来推销，那样新产品才会畅销。

杜拉克认为：“有效的管理者能够排除任何影响他们工作的障碍。”任何人都一样，工作中没有障碍几乎是不可能的，但是有效的工作者一定能够克服困难，排除障碍。盛田昭夫无疑是这样的人。

后来，盛田昭夫偶然得知，在一些企业缺少许多速记员，有的公司的速记员不得不经常加班。于是，他马上带着自己的产品去推销，果不其然，很快就有企业大批订货了。一次成功的推销，使他开始认真地研究市场。当时的日本，学习英语的风气已经普及开来，很多学校都开设了英语课。但是当时的英语老师不多，而且学习英语要练习口语和发音，没有一种十分适合学习英语的工具。得知了这一情况，盛田昭夫和井深大针对学校的实际，连续废寝忘食工作了几个昼夜，克服了一个又一个的难题，设计并制造了一种价格低廉、体积小，适合在学校使用的磁带录音机。结果在当地的学校大受欢迎。就这样，录音机便迅速普及到全国各地的学校。

销路一打开，磁带录音机成了热销货。连续的困难给了他们很多的阻力，他们的公司也一度受到质疑，但是正是这种勇于创新和探索的精神在支撑着他们，他们也因此获得了丰厚的回报，索尼公司由此奠定了一个坚实的基础。

世上没有绝对的事。谁也不是神，没有任何一个管理者能够做到万无一失。在管理过程中，要主动为自己设定工作目标，并不断改进方式和方法。遇到问题是正常的，不要退缩，要认真思考，看问题出在哪一步，然后再想出解决的办法。管理中没有绝对的正确，也不会有永远的错误，只有放弃和不断改进后的正确。

社会永不停止变革，时代永不停息进步。因此，在商界，顾客会发生变化，市场竞争格局会发生变化，市场地位和占有份额也会发生变化。当然，企业管理也会发生变化，而且变化速度之快，常常会令企业家有应接不暇、无所适从的感觉。由于变化太快，过去很有名望的预测专家都失去了水准，谁也不敢对无法预测的未来妄谈什么。许多缺乏创见的企业家因为害怕莫测的未来而只能紧紧依附于我们的过去。

现实中，大量的实例告诉我们，在这个瞬息万变的时代，企业面临的机遇和挑战是并存而且是势均力敌的。市场竞争的格局改变了，顾客的消费方式和选择也变了，变革本身的性质也改变了。最重要的是，变革已经成为大部分企业发展的手段，它普遍而且持续。企业之间的兼并和收购，时刻发生，同时也时刻改变着市场的结构和稳定。新材料、新技术的不断出现，顾客需求和期望的不断上升，使得产品生命周期急剧缩短。所以，现代企业要应对变革的形势必须进行管理上的变革。

应对市场带来的变化，企业要时时刻刻想办法应对，但是同时，企业的决策本身就有一定风险性，任何人进行冒险决定都有犯错误的可能。一个企业的发展过程，就像一个人的成长，三灾五病，磕磕绊绊，不可能不出现差错和失败。如果失败了，就一定要承认自己的错误，并且在认真总结后吸取教训。

在企业管理中，没有永远的正确，也没有永远的神话；不会有永远的错误，也不会有永远的罪人。昨天的"异端"可能是今天的真理，昨天的"真理"可能就是今天的错误。或许你已错过，或许你的错误还没来到，但你一定要相信，在管理过程中，没有不犯错误的，关键是错了能够及时改正。

给下属一个自由的空间

很多人与上司相处时，总会紧张不安。他们总想让上司高兴却不知道怎样去做。而当上司离开时，他们反倒能全身心地投入到工作之中，并能从中自娱自乐。没有管理者在场，他们反而能更好地作出决定。

作为管理者，你可以离开员工一段时间，尽量给他们留出一些自我发展的空间。这样当你回来时，你会吃惊地发现员工在你不在的时候取得了多么令人满意的成绩。让员工自由发挥是管理者走向成功的一种有效的方式。如果你已经能够培养员工按照你所构想的方式去做；如果你让他们真正承担起自己的责任；如果你能让他们自行其是，那么，当你离开的时候，所有的一切都可以圆满地完成。

让员工拥有自己的头脑，其前提是你必须充分相信和认可他们。你给予他们的自由空间越大，他们所做的事情就越容易成功。

我们倡导管理者要善于授权，给下属一个尽情发展的空间，让下属人尽其才。人才最大的价值体现在被任用的过程中，因此，用才是否得当成为事业成败的关键。想成大事必须懂得分层负责，不要事必躬亲，只指示基本方针，其余都分给各层独立负责，自主发挥。在委任与控制的艺术上，松下幸之助认为：看重下属的长处，大胆地把工作交给下属，才是造就人才的康庄大道，也才能获得卓越成效。管理者必须具有这种气度，再配合以适当的技巧，让被委任者既能发挥主观能动性，又不至于完全脱离控制，调动下属的积极性和创造性。

有一段时间，盛田昭夫几乎每个晚上都和年轻的中下级主管一起吃晚饭，有说有笑，一直聊到很晚。

在聊天的过程中，盛田昭夫注意到一个小伙子心神不定，闷闷不乐，就走上前去耐心询问，叫他把心里话讲出来听一听。

小伙子看了看盛田昭夫，喝了几杯酒后，终于开口了："在我加入索尼公司以前，我一直以为这是一家了不起的公司，也是我惟一想进入的公司。但是由于我职位低下，我只觉得是为某某上司卖命，而不是为索尼公司工作，这样，我的上司也就成了公司，他也就代表了公司本身。这本来也没什么，但偏偏这人是个大草包，我所做的每一件事，或者每一个建议，都要由他来决定。我因此对自己在索尼公司的前途感到失望。"

这番话深深触动了盛田昭夫，表面看来，公司已相当融洽，实际上可能也是这样，但往内部深入肯定还会存在类似的问题，必须及时了解这些藏在内心深处的问题，才能减轻他们心里的烦恼。

于是，盛田昭夫下令发行一份公司内部周刊，并在上面刊登每个单位或部门现有的空缺职位。这样一来，员工们都能够悄悄试探公司内部其他有可能的工作机会。公司也有意让员工有机会每两年调动一次岗位，到其他相关的岗位或新的岗位去一展身手，公司希望借此给那些有闯劲、期望一试的员工提供及时的内部调动机会，使他们重新找到适合自己的工作。

这样一来，员工们通常都有机会找到自己更满意的工作，而人事部门也可以根据员工们的调动情况，推测出具体部门管理上的潜在问题。凡是管理不当的主管，公司就将他调到另外的下属少的岗位，减少上下级的冲突。

通过内部职位流动，公司也能发现一些更低职位（如守卫）的员工，对广告方案或其他类似性质的工作十分称职。过去，公司在招聘打字员、司机或守卫时，不少人因急于找工作，没考虑仔细就前来应征。人事部门或其他主管也难以彻底了解其潜在能力，也就难以每次都量才使用。

盛田昭夫觉得有了这些机会后，员工自己也要主动寻找适合自己的工作。他对一位埋怨上司的员工说："如果你对工作不满意，你就有权利去找一个感觉更愉快的工作，为什么不去呢？"

盛田昭夫想，如果人能选择到自己喜欢做的事，就会精神振奋，更加投入，这起码在索尼公司已是客观存在的事实。索尼公司有多个工作岗位，同样有多个员工，没有理由不替他们安排更适合的工作。

盛田昭夫说："不幸的是，大部分日本公司都不这样做。很早以前，我就坚持索尼公司必须有一项与众不同的制度，在这个制度下，变化和改进的门永远打开，任何违背这套制度的做法，在我看来都是错误的。这也就是我为什么只看表现不述文凭的根据。为此，我曾经专门写过一本书，销出25万册，在日本引起很大反响，这体现了一般人对于日本大部分公司管理现状的不满。这本书出版后好一阵子，索尼公司都招不到名牌大学的毕业生，他们以为索尼公司对他们有偏见。我们尽量解释不是那么一回事，我们只是任人唯才，而不仅仅以学校或文凭为标准。现在，我们的新员工都来自名牌大学。"

盛田昭夫也提到，公司早期，因为大家都是管理新手，只能硬着头皮，根据自己的感觉来经营。但当时养成了自由讨论的习惯，遇到什么问题，全公司聚在一块，每个人发表自己的不同看法，然后进行比较，得出一致意见。盛田昭夫说，公司发展到今天这个规模，自由讨论的气氛不可丢，希望这种良好的风气一直持续下去。

作为管理者，你必须让员工自己安排计划，不要任何事情都过问，让员工拥有自己的头脑，重要的是弄清员工获得什么结果与如何去获取结果的区别。更重要的是，同时应给予员工足够的自由发挥的空间，让他们自我决定怎样能最好地实现你所要求他们达到的结果。作为管理者，你不要过多干涉员工去做自己的工作，放手让他们自己去做。只有在一个目标明确，又有充分自由的空间，员工才有可能最大限度地发挥自己的才智。

因此，管理者要给下属一定的自由空间，使其具有独立做主的自由，能自己作出决定，能够激发他们工作的使命感。

作为上司，必须对自己的职位职责有一个明确，按照责任大小把工作分类排队，自己只做最重要的工作就行了，其他的都可以派给下属们去做，让他们自由安排。给下属一个自由的空间，他们会取得更好的成绩。

员工考核一定要实事求是

人都是有感情的动物，总是会不由自主地被自己的情绪所牵制，这样常常会使得他在评判一个人的时候有失公允。尤其作为一名管理者，在考核员工的时候，一定不能感情用事，以避免不必要的损失。

日本西铁百货公司社长尾芳郎与名古屋商工会议所主席土川元夫是老朋友了，由于名古屋商工会议所急需一名管理分部的主任，所以尾芳郎就把自己认为是人才的一个朋友介绍给了他。

但是没有想到名古屋商工会议所主席土川元夫和这个人面谈后，立即告诉尾芳郎说："你介绍来的这个朋友不是个人才，我很难留他。"

尾芳郎听完以后很吃惊，接着有点生气地说："你仅仅和他谈了20分钟左右的话，怎么就知道他不能被留任呢？这种判断太草率，也太武断了吧！"

土川元夫解释说："你的这个朋友刚和我见面，自己就滔滔不绝地说个没完，根本就不让我插嘴。而我说话的时候，他似听非听，满不在乎，这是他的第一个缺点；其次，他非常乐意宣传他的人事背景，说某某达官贵人是他要好的朋友，另一个名人是他的酒友等，向我表白炫耀，似乎故意让我知道他不是一个一般的人；第三，在谈业务发展时，他却根本说不出来什么东西，只是跟我瞎扯。你说，这种人怎么能共事呢？"尾芳郎听完土川的话后，认为土川的分析是很有道理的。

就这样，土川元夫没有顾及老朋友的情面，拒绝了他的推荐。后来，经过努力，终于找到了一个真正有才能的人。

无独有偶，索尼公司的总裁盛田昭夫也是本着实事求是的态度，发现了大贺典雄这个人才。

第二次世界大战结束以后，盛田昭夫与井深大一起成立了东京通信工业公司，后改名索尼公司（SONY 取自美式英语中的"SONNY-BOY"，意思是"可爱的小家伙"）。开始时，公司生产的不过是电饭锅、加热垫一类的东西。但此后不久，他们决定向高新技术产品进军，并很快生产出了日本第一台卷盘式磁带录音机。

当索尼公司在东京大学校园内演示磁带录音机时，在人们的一片喝彩声中，音乐系一个"吵吵嚷嚷"的二年级学生提出了许多关于磁带录音机的实用性和缺点等各种技术问题，这个学生就是大贺典雄。

事后，大贺典雄竟然'无礼'地给盛田昭夫写了一封信，直言不讳地告诉盛田："从一个歌唱家的观点看，你的录音机只是一堆破烂货。"

盛田昭夫并没有因此而嫉恨他，相反地，却喜欢上了这个直言不讳、敢于批评索尼公司弊端的年轻人。在 1953 年，他聘用大贺典雄作为公司的特别顾问。

后来，大贺典雄加入了索尼公司，成为索尼录音机商业部的部长，为公司的发展作出了重大的贡献。

这里，土川元夫和盛田昭夫给我们作出了榜样，在对员工进行考核时，一定要实事求是：行就是行，不行就是不行，绝不能存有任何的私心偏念，否则，只会给企业带来损失。

张平两年前从学校毕业后，来到了先河广告公司的策划部。他属于那种聪明好学、刻苦钻研，能力又非常强的人，因此很快就适应了工作。在做好自己本职工作的同时，他还经常向主管提出一些富有创意的想法。

但是，张平的主管并没有因此而赏识他，相反地，却十分妒忌他的才能。在工作中，处处压制张平，总是抓住他的一些小毛病不放，真可谓是"吹毛求疵"。

两年过去了，当初和张平一块到公司而且能力不如他的同事，一个个都升了职，加了薪，而他却还是一个普通员工。

无奈之下，张平只好辞职去了另一家广告公司。在那里，他受到了经理的重视，很快就开始独当一面了。

正是由于张平的出色表现，这家广告公司的业务越做越大，和许多企业都建立了合作关系，这其中相当一部分原来是先河广告公司的客户。

后来，先河公司老板知道了这件事，一怒之下，辞退了那个"妒贤忌能"的主管，但是，公司由于失掉张平而遭到的损失却是无法弥补的。

自古以来，中国就被誉为礼仪之邦。重人情，一直被认为是中国文化最显著的特性之一。人情，有其积极的一面，当然也有其消极的一面，如果一个管理者因为人情关系而不能实事求是地对员工进行考核，那么就会给企业带来很大的损失。

第 05 章

柯达公司

伊士曼柯达公司（Kodak），简称柯达公司，是世界上最大的影像产品及相关服务的生产和供应商，总部位于美国纽约州罗切斯特市，是一家在纽约证券交易所挂牌的上市公司，业务遍布150多个国家和地区，全球约有员工8万人。

柯达公司由发明家乔治·伊士曼始创于1880年。柯达是"信息影像"行业的主要参与者之一，这个行业的市场价值达3850亿美元，包括设备（如数码相机和掌上电脑）、基础设施（如在线网络和影像冲印系统）以及服务和媒介（如访问、分析和打印影像的软件、胶卷和相纸）。柯达利用先进的技术、广阔的市场覆盖面和一系列的行业合作伙伴关系来为客户提供不断创新的产品和服务，以满足他们对影像中所蕴含的丰富信息的需求。

公司2002年的全球营业额达128亿美元，其中一半以上来自美国以外的市场。公司在美国、加拿大、墨西哥、巴西、英国、法国、德国、澳大利亚和中国设有生产基地，向全世界几乎每一个国家销售种类众多的影像产品。

产品研发与生产必须简单

人的理想具有多面性。然而，人不可能什么都精通，所以在各方面的能力有弱有强；而且人的精力也有限，不可能一心多用，同时做很多事。因此，在企业管理中，希望达到什么效果是一回事，能做到什么程度又是另一回事。企业如果想在竞争中获得生存和发展的机会，最好的办法就是充分利用和发挥自己的资源、能力优势，做最擅长的事。要想变复杂为简单，就要大胆取舍，这是简洁化的成功法则。

简单体现在产品生产和研发上面，就是要替消费者着想，现代营销理念是以市场为导向的，而消费者最看重的就是实用。所以要求产品的功能和技术设计更集中、突出　使用尽量简单化。世界著名的摄影器材业先驱柯达公司率先推出的"傻瓜相机"正是在此思想指导下研发的。他们把需要很高的专业水准才能够运用自如的精密仪器，研制改造成无需手动测光对焦的"傻瓜相机"。他们承诺："你只要按下快门，其他的事由我们来做。"这相机简单到了连傻瓜都会使用的地步，同时其价格低廉，从而满足了广大消费者的基本需求，完成了照相机发展史上划时代的革命。

随后，柯达公司又宣布不独占全自动相机的专利，这种技术将向全世界所有的制造商公开。正如杜拉克说的："简单绝不意味着单纯。"简单是一种行之有效的思维方式。其实柯达公司也不单纯，它利用的就是简单的原则。结果随着相机的普及，柯达打开了广大的胶卷、相纸以及冲印服务的市场，以简单的方法获取了更大的利润。

类似于柯达，四通打字机和小霸王学习机是计算机简洁化的成功典型，并造就了四通集团和中山小霸王集团，当年曾一度垄断中国早期的办公自动化市场。

杜拉克说："许多人认为，变复杂为简单仅仅意味着把信息扔给别人，但这样做往往使问题复杂化。"宝洁的管理层清楚地认识到这一点，其管理层提出了这样的问题：这个世界需要30余种海飞丝洗发水吗？还是需要50多种佳洁士？"多年来我们给消费者制造了这么多困难，这是多么让人震惊！"宝洁总裁达克·贾格尔曾经这样说。

找到了问题原因的所在，宝洁公司采用了简单的战略，废除了近30种促销形式，也削减了边缘品牌，减少了产品线并且控制推出新产品。这样的改变使销售的产品种类明显减少，但是盈利额并没有下降，仅仅头发护理业务一项，宝洁公司削减了一半品种，盈利却增加了5%。

有这样一种说法：一流企业靠什么一流？答案就是做标准。其实所谓的标准就是简单化。大凡赚钱的企业都是很简单的。比如说可口可乐、百事可乐，它们走的就是简洁化的路子。它们在世界各地建厂，用相同的瓶子装相同的饮料；销售商用同样的营销模式。再比如说麦当劳、肯德基，同样是简洁化的典型。它们在世界各地的连锁店经营模式完全一样，而且将连锁店的经营权完全交给了加盟商，这是一个"放之四海而皆准"的模式。其实很简单，简单却不能简省。

杜拉克指出："事情本来再简单不过，它们往往不会比造火箭更难。"不论多么复杂的尖端技术，在工厂里都是被分解成简单的标准化操作的环节，然后由一些普通的工人操作。再宏伟的建筑，都是建筑工人一砖一瓦建起来的。如果哪家企业的每一个普通员工都要高科技人才，那企业得开什么样的工资？这样的产品成本将会有多高？那么还有多少人消费得起？

大多数企业在消费者心目中只拥有一个概念。比如：百事可乐只有饮料这一概念，丰田公司只有汽车这一概念，微软只有软件一个概念，新浪只有网络一个概念，海尔只有家电一个概念。成功的公司或品牌都力求简单，只有这样才能成功。

简单管理就是面对看似毫无头绪的事物面前，要有决然的姿态，舍弃一些东西，使管理变得简单却又有效率，核心就是在企业中形成一种自然秩序。自然秩序的运转必须有一定生存条件，有一定规则。企业管理运作需要形成规范的形式，逐步演变成每个人自然的思维方式，这样组织的运行效率才是最高的，效果才是最好的。任何一个企业或集体，都围绕核心做一件事，各个环节上应该做什么、做到什么程度都简单明确。这样，企业的自然秩序就形成了。有了这样秩序的好处关键在于每个员工都知道了自己的位置，知道哪个环节应该做什么，知道什么条件下自己能做什么，用不着别人去告诉他。这种管理就比较简单高效，这样就是上文所说的，形成了一种自然秩序。

要做到简单管理，你首先需要有善于将复杂问题简单化的能力，换个说法就是有准确捕捉问题实质的能力。这需要你寻找管理的本质和规律，抓住企业生存、发展的要件。其次要求企业自上而下的所有员工，都必须知道自己什么时候该做什么。建立并维护企业自然秩序的运转就是高级管理者的职责，把岗位上的事做到最好就是员工的任务，每个人都有非常明确的目标和做事的标准，这才是企业的简单管理。

作为一名管理者，你可能对好多事情都不知道该如何去做，也并不意味着你要去做很多的事情。你需要做的就是挑选出最优秀的人才，然后授权给组织中的每一个人，给他们提供充足的装备和支持，还要经常提醒大家什么是重点，并且开创一种大家能够认同的环境。如此而已，这就是你的全部工作。只有这样，才能达到预期的简单，企业管理力求的简单，是卓越的简单，而不是一种散漫的简单。

作为一名管理者，为了实现成功管理，在你做任何事之前，请树立这样一个信念：管理越简单越好。简单管理就是要简化组织形式，就是要把复杂问题简单处理，就是要运用简单的技巧，发掘员工的最大潜能……总之，简单就是一条永恒的自然法则，简单就是力量，简单就是高效。

制度引爆潜能

早在1989年前，柯达的创始人乔治·伊斯曼收到一份普通工人的建议书。建议书呼吁生产部门将玻璃窗擦干净，这虽然是小得不能再小的一件事情，伊斯曼却看出了其中的意义所在。他认为这是员工积极性的表现，立即公开表彰，发给奖金，从此建立起一个"柯达建议制度"。

或许，伊斯曼也没有意识到，这个偶发的玻璃窗事件所引起的建议制度会一直坚持到现在并得到了不断改善。伊斯曼也许不会意识到，他所建立的"柯达建议制度"会成为其他各大企业纷纷效仿的对象。在柯达公司的走廊里，每个员工随手都能取到建议表，丢入任何一个信箱，都能送到专职的"建议秘书"手中，专职秘书负责及时将建议送到有关部门审议，作出评鉴；建议者随时可以直接打电话询问建议的下落；公司设有专门委员会，负责审核、批准、发奖。

对不采纳的建议，也要用口头或书面的方式提出理由，如果建议人要求试验，可由厂方协助进行试验，以鉴明该建议有无价值。

对公司来说，这种建议制度在降低产品成本核算，提高产品质量，改进制造方法和保障生产安全等方面起了很大的作用。柯达公司认为，这种制度起了沟通上下级关系的作用，因为每个职工提出一个建议时，即使他的建议未被采纳，也会达到两个目的：一是管理人员了解到这个职工在想什么；二是建议人在得知他的建议得到重视时，会产生满足感。

除此之外，柯达公司在实行职工建议制度时，注意了以下几个方面：

（1）管理人员，特别是第一线的领班，必须重视这一制度

如果第一线的领班们对下属职工提出的建议表示冷淡，那么这种建议制度就不能得到职工们的支持。

（2）必须建立专门的机构来实行这一制度

柯达公司办公室和专职秘书必须及时地处理职工的建议，公平地解决奖金的数额，耐心地向建议人解释建议不能被采纳的原因和定期公布该制度的实施情况。

（3）简化建议制度的程序

每当该公司职工想出一个建议时，他们随手就可以拿到建议表，并填上自己的建议。职工们可以将建议表投到工厂的信箱中，也可以投到工厂特设的建议收集箱内，如果职工不愿透露姓名，他们也可以采取匿名方式提出建议，然后用建议表上的号码与厂方进行联系，可用电话查询该号码的建议是否已被采纳。建议办公室把所采纳的建议都一一列成表格，定期在公司出版的报纸上公布，或张贴在公司的布告栏上。

（4）对每项建议都要进行认真处理

负责建议的秘书及时把各项建议提交给各有关管理人员和科室，必要时，可把建议付诸实施。有关管理人员和科室对建议作出采纳或不采纳的

决议后,必须将决议后的材料送进建议办公室,由负责建议工作的秘书提交本部门的建议委员会审批。

对未被采纳的建议,必须向建议人送一份详细的材料,说明该建议未被采纳的原因。如果建议人仍认为他的建议有采用的价值,他可向建议办公室提供更多的依据。在这种情况下,有些未被采纳的建议,最后可能会被采纳。

(5)重视对职工建议制度的宣传和对建议人的奖励

在柯达公司,每一位新职工都会领到一本关于职工建议制度及其奖励办法的小册子,这本小册子能很快使职工熟悉建议制度的内容。每周的职工周报设有专栏对建议被采纳的情况进行报道。

现代的企业管理已经由过去的一边倒(管理者即是权威,不容许有丝毫置疑)转为互动型管理了。这其中,员工扮演了一个重要的角色。员工拥有无比巨大的潜能,只要发挥得当便能为企业创造更高的效益。而管理者所要做的便是顺应这样的潮流,采取各种手段来引爆员工的潜能。

柯达在这点上无疑做得相当高明,伊斯曼不仅从善如流,而且还专门建立了一个"柯达建议制度",这样的制度使柯达公司受益无穷。

一个合理规范的规章制度,能激起员工内在的潜能,更好地促使企业走向辉煌。

第 06 章

吉列公司

吉列（Gillette）公司由金克·吉列于 1901 年创立，总部设于美国波士顿。公司主要生产剃须产品、电池和口腔清洁卫生产品。提到"吉列"，人们就会想到世界上最好的剃具。"掌握全世界男人的胡子"的吉列剃刀产品，在美国市场占有率高达 90%，全球市场的份额竟达到 70% 以上。2005 年在《商业周刊》评出的世界品牌 100 强中吉列位列第 15 位，品牌价值达 175.3 亿美元。

在其 100 多年的历史中，吉列开创了许许多多的拳头产品：剃须刀架（1946 年）、双刀剃须刀（1971 年）、旋转头剃须刀（1977 年）、弹簧剃须刀（1990 年）以及"锋速 3"剃须刀。2004 年 12 月，吉列公布其最新的剃刀——女用 Venus Vibrance 剃刀。

吉列今天的非凡成就并非从天而降，而是与其独特的经营之道密不可分的。

将责任种在脑袋里

吉列公司前董事长兼 CEO 吉姆·基尔特斯是一个善于拯救那些濒于崩溃的企业的行家里手。

当基尔特斯在 2001 年 2 月接手时，吉列是一个生产消费品的烂摊子。这家 Mach3 剃刀、金霸王电池和 Oral-B 牙刷的制造商曾经业绩辉煌，但却连续 14 个季度没有盈利。五年来，销售收入和盈利均没有增长，三分之二的产品市场份额下降；这家位于波士顿的公司的股票已从过去的热门变得无人问津，其价值在 1997 年至 2000 年间下降了 30%。

基尔特斯认为，处理问题的第一步就是：让公司问题成为你个人的问题。到吉列的第一天，他就试着让人们了解这一点。"你必须有责任感。"他安然地坐在位于波士顿培基大厦 48 层的吉列总部的办公室里这样解释道，他双手交叉放在桌上，神情严肃，让你联想起一位小学校长，"人们总是喜欢说,'是管理层让我这样做的。'好吧,我们全都是管理人员。"

在一次各部门全体负责人参加的会议上,他要求大家举手发表意见:"你们中间有多少人认为我们的成本过高?"房间里的每个人都立刻举起手。然后他问:"你们中间有多少人认为自己的部门成本过高?"没有一个人举手。基尔特斯认为,这是"问题"企业经理们的一个普遍回答:每个人都知道存在问题,但是没有人认为是自己的问题,而这就是基尔特斯开始的地方——他要使问题成为他的问题——还有你的问题,如果你还打算保住工作的话。

所有与基尔特斯共事的人都知道,这位芝加哥人非常严格,要求非常高。同事们都使用同样的形容词描述他,"要求严格"、"要求高"和"高效率"等词语一再出现。基尔特斯对预算的审核极其严格:不论一个项目花费500万或5 000美元,他都会仔细审查所花的每一分钱;如果你的业绩不能达到他的要求,他就会去找能够达到这一要求的人。

在30年的职业生涯中,基尔特斯设计出了一个拯救"问题"企业的"蓝图"。基尔特斯坦率地谈论了这一"蓝图",以及他如何将其应用到吉列。正像他本人承认的那样,这不是尖端的火箭科学,但这也是一个一丝不苟和步步到位的过程。他没有梦想吉列宏伟的远景,而是晚上工作到深夜,考虑卖电池应该使用六只还是八只包装。他没有集结全体员工大讲吉列如何能够改变世界,基尔特斯做的是放幻灯片,与竞争对手比较SG&A(销售、一般及行政)费用的高低。这并不引人入胜,也没有特别的吸引力。这仅是一个正统的经商之道。而这的确奏效了。

在正式上任六个星期以前——基尔特斯就对吉列,以及吉列的问题进行了详细调查。他审查以往的年报、华尔街的研究以及业界的评论。他行程数百英里:与吉列的销售人员一起出差,走访商店、视察仓库和制造厂。他研究吉列的广告,并仔细阅读消费者的反馈。

在拜访吉列的一家大的零售商时,一位客户坦率地告诉他,如果要从吉列那里采购，他会等到每季度结束的那周。"因为我知道，为了成交，吉列在那个时候总会压低价格。"正像基尔特斯发现的那样，吉列的销售人员普遍采用一种称为"快速交易"的有害商业行为。为了完成每季度的定额，他们乐于做任何事情——在交易时提供大幅度的折扣，提供新的产品包装——以及其他的种种优惠。这种做法并不违法，在许多行业也很普遍，但通常不是一种精明的商业行为——所以吉列不应该采取这种做法。

吉列开始了基尔特斯式的严格管理。在最初上任的六个月里，基尔特斯推出评分制度，停止"快速交易"行为，彻底检查公司的财务报告系统。每天早晨，基尔特斯和他的高级管理层都会得到前一天刀片、电池和牙刷销量的准确报告。为了增强财务约束，基尔特斯还实行了他称之为"人头费零增长"政策。

各部门负责人必须与同行业中最强的竞争对手在费用方面进行比较。结果，基尔特斯发现公司财务部门的费用比竞争对手高出30%～40%，人力资源部门的费用高出15%～20%。基尔特斯让每个部门自己想办法，将费用降低到行业水平，每个部门都必须做到。这一努力很快便奏效：吉列削减了4%的人头费。

这位首席执行官也彻底检查了吉列的供应链，在他上任前，吉列各部门单独采购厚纸板、铝、钢和塑料等原材料。事实上，直到基尔特斯要求各部门进行统计之前，没有人准确了解公司在全球各地采购的支出（接近几十亿美元）。各个部门间缺乏协调，这意味着吉列部门统一采购后，节省了大约2亿美元的开支。

通过这一系列的改革，吉列公司走出了困境，步入了迅速发展的快车道。

"你必须有责任感"，基尔特斯的话语可谓一语中的。工作就意味着责任。在这个世界上，没有不需承担责任的工作，相反，你的职位越高，权力越大，你肩负的责任也就越重。将公司问题视为你个人的问题，你才能全身心地投入到问题的解决当中去，你也才能将问题出色地解决掉。

一个合格的管理者首先要有责任心和使命感，既然公司授予了我们职权，就要承担起相应的责任，为公司解忧，把公司当作自己的来做。责任感不仅是管理者立足于社会、获得事业成功的必要条件，也是管理者至关重要的人格品质。

第 07 章

诺基亚公司

1865年，诺基亚创始人弗雷德里克·艾德斯坦在芬兰的"诺基亚河"沿岸创建了一家木材纸浆厂，取名诺基亚。1922年诺基亚的生产高筒皮套鞋和轮胎的芬兰橡胶厂与制造电力电话电缆的芬兰电缆厂合并。1960年，已经发展成为纸张、橡胶、电缆等综合性生产企业的诺基亚，在电缆厂成立了信息产业部，以无线电传输为发展核心。当时，半导体技术正从实验室走向产业化，今天的诺基亚便由此奠基。

1992年奥利拉执掌诺基亚公司。他将公司业务重点放到电信业，推动了GSM标准制式电话的生产。1994年诺基亚公司股票在纽约证券交易所上市。1996年诺基亚公司卖出电缆及彩电生产业务，并在移动通信领域取得飞速发展。1998年诺基亚生产出第一亿部移动电话，成为世界最大移动电话生产商。

只需管头管脚

管理之妙就在于只"管头管脚"，而不是"从头管到脚"。太多的指点和提醒，会让你的员工茫然不知所措。每一个人都有自己的工作方式，如果你只是一味的灌输，你的员工就什么也学不到，甚至都不敢面对挫折和困难。这样不但加大了你的工作量，还使你和你的员工都失去了最好的自由发挥的空间。给员工一个任务，让他自己去做，相信他能做好，也就是相信自己的眼光。

在诺基亚公司里，一项制定好的计划如果没有具体而且可靠的人来实施，是不会得到贯彻执行的，这是公司的规定。总裁奥利拉说："诺基亚不是一个只有少数几个人才能说话，其他人都在那里洗耳恭听，而是任何人都有权利。"

公司每制定一项计划都必须有执行人员在场，并且允许他们发表自己真实的想法和观念。只有一项计划完全得到执行人员的同意和赞成了，才能被确定，然后相关的负责人才能进一步制定执行计划，并委派专门的小组负责。每一个员工在执行过程中发现计划存在失误时都有权提出异议，并作出适当的修改。

正如米切尔——诺基亚在福特沃斯分厂的生产经理，他在数额庞大的诺基亚全球员工中只是一个小"芝麻官"。他说："诺基亚从不像其他的大公司那样官僚习气严重，它是独特的，在具体执行一项计划时，上司从不规定你必须用什么方法来做，每个小组都有完全的自由决定权。除了某些必须共同遵守的标准以外，你可以自行决定具体的行动方案，只要它是符合事实、有利于预期目标实现的。"

不仅基层管理者从不强迫自己的下属按照自己的行为方式做事，公司最高层领导，包括总裁兼首席执行官奥利拉也从不武断地作出决定。非技术出身的奥利拉，在说到 WCAMA、GPRS、HSCSD 或其他专业术语时，他和其他对技术不在行的高层管理人员总会谦逊地往后站——即使是在公共场合也是如此——而让那些技术专家自由地侃侃而谈。"我们总是让最了解情况的人做决定。"这是诺基亚制定战略和作出决策的最高指导原则，同时也保证了诺基亚战略的正确性和有效执行。也正是由于这种对"最了解情况的人"的尊重和赋予权力，诺基亚才形成了强大的团队精神和凝聚力，保持了企业的活力和卓越的执行力。

习惯于自己事必躬亲，放心不下他人的任何行为，经常不礼貌地干预和干扰别人的工作过程，这可能是管理者的通病。而这也容易形成一个怪圈：上司喜欢事无巨细，越管越变得事事小心谨慎，独断专行，疑神疑鬼；同时，部下也越来越束手束脚，养成依赖、从众和不爱思考的习惯，把最为宝贵的主动性和创造性丢得一干二净。这样是一个恶性循环，对于企业的发展是很不利的。

在公司的管理方面，要相信少就是多的道理：你抓得少些，反而收获就多了。管理者，要管头管脚（指人和资源），但不能从头管到脚。

鼓励员工做到最好

很多伟人年轻的时候,都很一般,他们最终的成功完全是个人努力奋斗的结果,"馅饼"绝不是从天上掉下来的。

商场上有很多这样的例子:在全球的证券业,沃伦·巴菲特的名字无人不晓,他是炒股大师。他在1956年以100美元入市,至1996年个人财富已达152亿美元,居世界第二(首富为比尔·盖茨,180亿美元)。假如有人在1965年用1万美元购入巴菲特的伯克希尔公司的股票,30年后就会拥有5100万美元!假设当时把1万美元买了标准普尔指数基金,只能赚497万多美元。

巴菲特为何能取得如此辉煌的成就?其中有一条就是巴菲特善于调动员工的积极性。

巴菲特总是鼓励员工如何鉴别优秀的企业,积极去发掘优秀的企业,这是致富的关键。巴菲特这些炒股奇招,不仅在公司适用,也适用于家庭,取得了家人的支持。他总是不失时机地教导员工和家人懂得潮起潮落的哲学。当他事业有成的时候,每年圣诞节的早餐,总把一个装有1万美元的信封作为圣诞礼物送给每一位家庭成员。之后,他又用最近投资的1万美元等值的股票,和每一个人交换刚才发出去的1万美元现金。家庭成员们很愿意这样交换。大家心里明白,他们手中的、最新被沃伦看准的股票,有更大升值的可能性。在过去32年中,他的投资组合创造了平均年复利报酬率238%的佳绩。而对巴菲特来说,通过这种交换,调动了全家人来关心股市,支持他的事业。此招对于那些因涉足股市而被老婆(丈夫)和子女埋怨的股民,是很好的启迪。

打开诺基亚手机,首先映入人们眼帘的是"Human technology"。事实上,"以人为本"的管理理念,使诺基亚公司特别注重对人的培养,为员工创造优越条件，让他们去实现个人价值，继而创造一种独特的企业文化，把广大员工凝聚到一起。诺基亚有自己的培训中心，帮助员工更好地融入诺基亚，帮助他们成为一个技术人员或者是市场销售人员，更重要的是成为符合诺基亚价值的诺基亚人。

一个员工从正式进入诺基亚开始，培训中心就不断地在培养技能的同时强化诺基亚的价值观——客户满意、尊重个人、成就感和不断地学习。诺基亚的管理有一个特点：老板的主要工作就是为员工打好一个基础，把一个可以合理运转的系统平台搭建好，让员工可以通过自身的努力去取得最大的成功。公司提倡创新和进取精神，鼓励技术人员发挥自己的特长。诺基亚总裁说："如果我的员工生活在恐惧中，那他就不会有创造力。"

因而，在管理中，诺基亚给予员工的自由度很大，老板不会催促员工或者告诉他应该做些什么，只会在员工需要的时候给予指导性帮助。甚至有时候员工自己就可以决定，而不必等老板同意，做错了也没关系。正因为诺基亚高度重视人才的培养和使用，其人才流失率极低，还不到5%。

无论如何，知人才能善用，如何才能了解下属的能力，开发下属的潜质呢？管理人员必须要"知人善用"，充分了解下属的性格和专长，再委派适当的工作，才算得上是个称职的上司。至于开发潜质，管理者首先必须有这样的观念：

第一，再平凡的下属也会有其过人之处，当管理者的要善于发现他们的长处。

第二，有些下属能力强、野心大，对这种下属你要多留神，欲望会使他们的野心膨胀。

第三，对不同下属采取不同的激励方法。

公司的每个部门，绝大多数是表现较平庸的职员，在平凡的外表下并不代表他们没有潜质，管理人员是否能充分发挥下属的长处，是管理中一个至关重要的因素。

另一方面，管理人员不难发现，在芸芸众生中，总有些成就感较强烈的职员，他们不断地找机会，替公司及个人争取利益。他们通常求知欲强，对事情有敏锐的洞察力，具备发展的潜力，能承担更重要更多的工作。

对于公司的新员工，如何辅导和鼓励他们呢？

辅导新进职员的原则，是帮助新进职员尽快投入工作，在最短的时间内，达到应该具有的水平。

此外，管理人员可透过督导过程，了解工作过程中的问题和障碍，从而寻求改善方法。

鼓励员工做到最好，管理者就必须采取行之有效的办法，充分调动员工的积极性。一个企业的成功经营不仅仅取决于它所拥有的资源多寡，在很大程度上是与其员工的工作积极性密不可分的。这不单单是表现在一个企业成功运作的时候需要员工高昂的工作积极性，还表现在当一个企业面临严峻挑战的时候，员工的团结一致和努力工作往往可以使企业转危为安。

第 08 章

苹果公司

苹果公司，全称苹果股份有限公司，原称苹果电脑，在 2007 年 1 月 9 日于旧金山的 Macworld Expo 上宣布改名。总部位于美国加利福尼亚的库比提诺，核心业务是电子科技产品。

1971 年，16 岁的斯蒂夫·乔布斯和 21 岁的斯蒂夫·沃兹尼亚克经朋友介绍而结识。1976 年，乔布斯成功说服沃兹装配机器之余拿去推销，他们另一位朋友，罗·韦恩也加入，三人在 1976 年 4 月 1 日组成了苹果电脑公司。

在 2005 年 6 月 6 日的 WWDC 大会上，乔布斯宣布从 2006 年起 Mac 的产品将开始使用 Intel 所制造的 CPU。2006 年 4 月 5 日，苹果电脑推出允许采用英特尔微处理器的 Mac 电脑运行微软 Windows XP 的软件 Boot Camp。它简化了在 Mac 上安装 Windows 的任务，有一步一步的指导，用户还能够在重启机器时选择是采用 Mac OS X 还是 Windows。

2007 年 1 月 9 日，苹果电脑公司正式推出 iPhone 手机，并正式更名为苹果公司。

2010 年 10 月 14 日，苹果公司的股价超过 300 美元，总市值达到了 2750 亿美元，成为仅次于埃克森美孚石油公司的美国上市公司。

寻找新的产品目标

40 年前，苹果电脑彻底改变了计算机产业的走向；40 年后，苹果的产品则改变了人们的生活方式。40 年中，市场占有率并不高的苹果施展了自己的创意魔力让全球的消费者都随之起舞。

苹果一路走来，跌跌撞撞。一款款独特的产品一次次地将它带上波峰，又一次次地陷入低谷。苹果作为一家公司至今也没有充分发育出一家成熟企业所具备的成长惯性和对市场的持续拉力。

在 iPod 逐渐趋于成熟之后，苹果需要寻找新的产品来革新自己的

第 08 章
苹果公司

命运。

拥抱英特尔芯片、兼容微软平台,另类的苹果正在以一种相当激进的方式回归到主流,在苹果30周年纪念的前夕,苹果以出色的业绩单为自己献上了一份大礼。

2006年1月18日,苹果宣布了其2006财年第一季度的财务报告,这是苹果电脑公司有史以来营业额和盈利最高的财季。在这一季度中,苹果电脑公司的总收入达到了57.5亿美元,纯利润也达到5.55亿美元。苹果电脑公司共发货125.4万台Macintosh电脑和1404.3万部iPod。与上年同期相比,分别增长了20%和207%。

"我们非常振奋地宣布苹果电脑公司有史以来最佳的财季报告。在这个令人难以置信的财季里,我们有两大亮点:其一是我们在本财季销售了1400万台iPod。"面对创纪录的数字业绩,苹果电脑公司首席执行官乔布斯喜不自胜,而更让他感到激动的是苹果在另一条战线所做的尝试。"我们比预期提前5个月到6个月发布新的采用Intel处理器的Mac电脑。目前,我们正在致力于在2006年推出更加精彩的产品,现在我已经迫不及待地想知道我们的客户对这些新产品的看法。"

微软和英特尔的联盟几乎曾统治了整个计算机产业,苹果除外。但是,为了能让自己取得更大程度上的成功,苹果已开始尝试突破过去的藩篱。

2005年6月7日,已同IBM有过20多年合作的苹果电脑宣布结束同IBM的合作关系,而转投英特尔的阵营当中。虽然在此之前,有关苹果将会使用英特尔芯片的消息已流传已久,可是,在苹果正式宣布之后还是让业界大吃一惊。

悲观者认为此举动会影响到苹果对产品发布计划的控制力:很难想象苹果电脑跟在英特尔芯片的升级路径后面规划自己的产品是什么样子。可是,多数的分析人士还是看好这一合作的未来前景,在芯片领域拥有绝对优势的英特尔或许能帮助苹果电脑进一步提高市场占有率。

在乔布斯和盖茨之间，在微软和苹果之间的敌意应该是十分明显的，从最初图形界面的发明、到后来的家庭战略，两家公司和两位领袖都似乎势成水火。在接受《财富》杂志采访时，微软 CEO 很直接地说会禁止自己的孩子们用 Google 和 iPod。

可是，迫切渴望更大成功的乔布斯似乎已经放下对微软的成见。苹果公司推出了一个名为"Boot Camp"的软件，安装了这一软件之后，苹果电脑的用户可以应用微软的操作系统。

苹果主管全球产品营销的高级副总裁菲利普表示："苹果并没有销售或支持 Windows 的计划，但 Mac 计算机采用英特尔处理器之后，我们的许多客户都对在苹果硬件上运行 Windows 很感兴趣。"

这并非是苹果首次向微软的系统作出妥协，在 iPod 推出时，它明智地选择了向 PC 机和 Windows 系统开放，而也正是这样一种开放的姿态，才成就了 iPod 如此广泛的成功。

使用英特尔的芯片、兼容微软的系统，为苹果找到了一条通向主流的桥梁。虽然其市场占有率一直难以有所突破，但是，却不会再妨碍苹果从最广大的用户群当中找到机会。

在经过 30 年特立独行的发展之后，苹果公司逐渐地开始展现自己成熟之后的魅力，同英特尔的合作以及向微软妥协，都是公司性格趋于成熟的标志。有分析认为，在经历了癌症的考验后，乔布斯逐渐改变自己过去张扬、棱角分明的处世风格，这样的一种风格转变直接地影响到了苹果公司经营思路的变迁。

过去乔布斯曾经对苹果公司的低市场占有率不以为然，"和 BMW、奔驰在汽车产业的占有率比起来，我们的市场占有率已经很好了。但怎么没有人担心它们会消失呢？占有率并不是什么了不起的事情，重要的是，它们都是大家最想要的产品和品牌。"

但是为了取得更大程度上的成功,乔布斯必须找到合适的通路介入到更广泛的用户群当中。而使用英特尔的芯片、兼容微软系统则是苹果的尝试。

音乐市场曾经被认为是苹果的一个重要的发现,苹果所开创的iTunes音乐商店模式,可以让自己从音乐下载中取得分成。这一模式在其诞生之初更广受追捧,并且影响力也早已经越过了音乐播放器领域延伸到了手机、PC以及互联网等行业,在全球范围内都不乏iTunes模式的模仿者。

可是,这一模式为苹果带来的利润并不多,同时,在同唱片公司的分成方面也多有摩擦。尤为重要的是,这一模式在文件格式和分成规则上仍旧没有完全走出封闭的路子,这也在一定程度上限制了iTunes的发展。

在成功将Pixar卖给迪斯尼之后,关于乔布斯——这位迪斯尼公司最大的个人股东将会如何让逆境当中的迪斯尼重新焕发青春的传闻一直都是媒体猜测的焦点。在分析人士看来,苹果富有市场号召力的硬件产品,再辅之以迪斯尼的内容,将会产生出巨大的市场能量。果真如此的话,苹果公司也将步上索尼的后尘,由软硬件的制造而延伸到内容产业。

是什么使得苹果和其他的杰出创新者——如施乐、索尼、贝尔实验室齐名?苹果在其发展的演进史中,至少获得了七个启示:

一是分享愿景,使愿景具体有形,让同事们可以看见。在乔布斯离开苹果尚未重返的那些年中,该公司的研发人员仍然记得乔布斯当年展示的电脑模型——也就是之后最畅销的PowerBook。

二是"人才+策略+资金=未来之窗"。为成功创新,你需要适任的人才、适当的策略和足够的资源。

三是未来并非总是受到欢迎,若不加以培养,未来未必能坚持到底,毕尽其功。有些历史上最棒的创意遭到忽视,是因为这些创意的最佳培养者的轻视,一些出色的产品因为遭到忽视而错失有潜力的市场。

四是比你的市场早三年出现,并且价格比竞争者高出一倍,这一定是个糟糕的方法。

五是坚持到底！假若你不能坚持到底，未来也就无法带来丰硕的收获。

六是若你相信未来，而且你的未来仰赖研发，那就别让研发"挨饿"。苹果之所以能成功，主要是靠出色的创新，加上一些优秀的营销和一些偶尔的管理。

七是被迫支出研发经费是件糟糕的事，也是件好事。苹果的研发预算大约是微软的1/10，苹果的研发预算中有一半投注于硬件，由此，在任何一年，苹果能投注于开发软件的研发预算只有微软的1/20。可是，那些投注于硬件的研发经费花得值吗？你看看iPhone和Macmini持续不断地从苹果商店飞出，就明白值不值得了。

创新是企业之魂

乔布斯和苹果公司凭借iPod和iPhone，一举囊括了若干杰出企业家和最具创新公司的奖项，还重新塑造了苹果公司的股票市值。1997年，当乔布斯重回苹果时，股价仅有16美元。2007年7月份，苹果公司股价达到了惊人的145美元。

但是，这家世界上最优秀的创新公司，研发投入并不高。据统计，2006年高科技企业的研发投入排行中，苹果仅以7.15亿美元列第15位，约为排名榜首的微软的1/10，甚至低于中国的海尔（67.2亿元人民币）和华为（58.7亿元人民币）。

一家研发投入并不高的公司，为什么能成为世界上最具创新精神的公司？

领先公司如何保持持续创新，这使很多巨型的公司陷入了迷茫。十几年来，很多巨型公司投入庞大的研发队伍和巨额的研发费用，非但没有结出技术创新之果，反令公司正常运营担负难以承受之重。

辉瑞公司在全球的研发人员已达 1.5 万人。2004 年，辉瑞为其 479 个项目投入的资金高达每周 1.52 亿美元，其中，96% 的努力最终都付之东流。西门子研发人员更是高达 4.5 万人。通过明基收购西门子手机，外界得以窥知，巨型公司的官僚体制和习惯性思维如同一种癌变，非但没有推动创新，反而极大地抑制了创造性冲动。研发投入并不低的摩托罗拉，受困于新产品的缺乏，在 2007 年前六个月亏损 2 亿美元。索尼公司向来以技术创新实力雄厚著称，但是，近年来也走进了创新乏力的怪圈。

苹果不是个人电脑的发明者，却是个人电脑革命的引爆者；苹果也不是数字音乐播放器的发明者，却是数字播放器一统江湖的领先者。

在个人电脑行业，微软与英特尔的"邪恶"组合，曾经使得在专有技术道路上走到黑的苹果公司陷入困境，血的教训使得乔布斯警醒。1997 年，乔布斯重新执掌苹果后，果断带领苹果从一家技术创新公司，转变为一家消费类电子产品公司。苹果无须创造技术和市场，而只需将技术产品大规模转化为消费品，就可以占得先机，而乔布斯掌控的正是市场化的力量。

在乔布斯身为临时总裁参与的第一次高层会议上，满脸胡子的他穿着短裤和运动鞋坐在一张转椅上。当时，乔布斯缓缓转动椅子，问他的那些"囚徒"："告诉我哪儿出了问题？"没有人敢正视他的眼睛。乔布斯旋即暴跳如雷："是产品！那么，产品又出了什么问题？"此后，乔布斯又咆哮道："是他妈的产品！产品一点也不性感！"

熟谙互联网的乔布斯，思维却极其传统。他相信只有拥有好的产品，公司才能有未来。但是，乔布斯又是一个传统的颠覆者。

iPod 的灵感正是在走访合作伙伴时获得的——iPod 的最初创意来自于独立承包商托尼·费德尔。乔布斯如获至宝，拍板聘请以费德尔为主，成立一个由苹果、飞利浦、IDEO、General Magic 和 Connezttixand 网络电视等多家公司人员组成的开发小组。费德尔用八个星期完成产品开发方案后，苹果组织了一个大而隐秘的产品开发落地联盟，整个设计流程的管理由苹果公司执掌，其中关键的软件与用户界面也由苹果公司主导，平台与其他相关技术则由便携播放器等公司负责，整个流程只用了六个月，新产品就问世了。

　　苹果是一个庞大的联盟。乔布斯广发英雄帖，各个行业的顶尖公司被他一网打尽。这些顶尖公司共同分享苹果增长的红利，这种模式给联盟平添了生机勃勃的气息和力量。以至于 iPod 推出了六年，还没有竞争性产品能够撼动苹果的位置。

　　对人性至察而通明，使乔布斯能够最真切地把握用户潜在的需求；对图文象形的痴迷，又使他对那些让人们醉心的小物件慧眼识珠；还有他那残酷的完美主义，无疑给他的团队和合作伙伴树立了很高的标杆。天赋和意志力完美的结合，一种彻底的精神自由，使得乔布斯这个不懂技术的人，能够成为苹果技术创新的灵魂。

　　在很多公司的产品研发过程中，技术、设计等部门往往会以"做不来"为由，进行缩水处理。这时，就需要一个铁腕领导者将"NO"变成"YES"，这需要的是一种超越了技术、理性和现实的直觉判断力。无论是苹果的技术员还是合作伙伴，当场理解和认同乔布斯的观点及要求的并不多。但许多人承认，乔布斯的压力让他们作出一些超越自己能力的成果，即使那些他参与不多的产品，也会由于他的最终审核而提升水准。

　　时过境迁，人们多会赞叹乔布斯的先知先觉。但是，在过程中，那些有着强烈自尊的技术尖子，却常常难以忍受乔布斯的暴躁和挑剔，以至于有一种说法，"没有人可以跟乔布斯合作一次以上"。

　　乔布斯曾要求一位设计师在设计新的电脑时，外表不能看到一颗螺丝。之后，设计出的模型里有一颗螺丝稍微露了出来，结果乔布斯立刻就把那位设计师开除了。

第 08 章
苹果公司

设计并不是简单的线条与空间的组合，而是一种审视世界的态度，是人们解决问题的方法，一种具有普遍意义的态度和方法。没有对完美的疯狂与忘我，就不可能成为苹果的人才，这是乔布斯的信念。

乔布斯总是抓住核心的人员，而苹果总是拥有或控制着他们所有的核心技术。一名刚进入苹果公司的设计师年薪在 20 万美元左右，比行业平均水平高 50%。十年的人才积累，使得苹果有能力给 iPod、AppleTV 和 iPhone 赋予了灵魂。

很多颠覆性的想法，大多是在乔布斯睡觉前产生的，那是乔布斯可以游离公司业务，独立处理个人电子邮件时。乔布斯在六个不同的服务器注册了邮箱，并公之于众。他每天都要收到 300 多封有效邮件。一些网友癫狂般的设想，给了乔布斯无尽的启迪。

"求全责备"与"求全之毁"形影不离。人性中有许多劣根性，诸如偷懒、虚荣、过度自尊、追求享乐等等顽强地发挥着作用。求全责备可能是出产品、出人才的最好形式，但常常会超出一个人才的自尊所能接受的程度。完美主义者乔布斯对人性中自尊的凶残，可能会成为苹果未来发展的重要障碍。然而，乔布斯却无动于衷。他认为，那些甘愿忍受他"虐待"的人，是他的同伴；那些怨天尤人的抱怨者，压根就不配跟他生活在同一个星球上。

乔布斯挚爱创新。"如果要做成一件事，你就要对它十分、十分热爱，否则就没有任何意义。"黑 T 恤、牛仔裤和白球鞋武装起来的乔布斯，成为一个活脱脱的创新的自由精灵。

互联网推倒了公司的围墙，形成了一片生机勃勃的新大陆。一个新的发现或创意，就可能颠覆整个世界。在这个新大陆上，要保持持续的创新，就必须突破组织的围墙，到广阔天地去寻找灵感，向一切好的创意开放。唯有灵动地去捕捉创新的灵感，并且把它迅速地复制成为一种一时难以撼动的强势，才有可能稳居市场的顶端。

095

真正好产品的创意,不是在实验室里获得的,更不是在没完没了的董事会会议上获得的,而是在走动式管理中不期而遇的。这种走动式管理,不只是走访自己的员工,还要不厌其烦地走访客户与合作伙伴。一旦获得这个灵感,就果断动用组织的力量去付诸实施。

狂热的苹果信徒

在 iPhone 正式推出的 MacWorld 大会上,苹果 CEO 史蒂夫·乔布斯发表了一个长达 133 分钟的演讲,听众按捺不住心中的兴奋,追星族式地狂喊:"乔布斯!乔布斯!乔布斯!"热烈的场面就像是一场摇滚乐队的演出。苹果粉丝的狂热情绪可以说搅动了整个世界。

有人说乔布斯是技术界无法比拟的布道大师,也有人称他是巫师,甚至魔鬼,原因是在他身后,追随着众多忠诚、狂热的苹果信徒。在创造了 iMac 和 iPod 的神话之后,iPhone 正在成为苹果教徒的新图腾。

有人说,小小的 iPhone 搅乱了整个世界。实际上搅乱世界的并不是手机,而是苹果的无数粉丝和支持者。

从 iMac 到 iPod 再到 iPhone,苹果不是在卖产品,而是在塑造一种文化现象。苹果的粉丝就像 NBA 篮球队、摇滚乐队,甚至超级女声、快乐男声的支持者一样,投入了他们的全部情感。毫无疑问,诺基亚和摩托罗拉拥有大批的忠实用户,但对于苹果来说,它的用户不仅忠实,而且狂热。狂热与忠诚的最大区别是,忠诚建立在对产品信任的基础上,而狂热的用户对产品的价格、功能甚至缺陷并不敏感,对他们来说,情感胜过一切。

苹果是塑造品牌狂热度的成功典范。每一款苹果产品的追随者都被深深地打上了"苹果教"的烙印。曾有一个苹果的粉丝说:"用苹果的人似乎更多饱含了一种另类心情,当'少数人'是一种不错的状态!"iPod 推出之初，由于高昂的定价，被业内人士称为"白痴定价的产品"。但这并没有影响苹果粉丝的狂热度，iMac 的使用者最早被 iPod 俘虏，白色耳机很快成为一种时尚特征。苹果信徒们不遗余力地向周围的人介绍 iPod 的各种各样的好处，越来越多的人加入进来。

　　苹果是一种宗教吗？似乎真的带有一种宗教般的神秘感和吸引力，在全球形成如此强烈的影响力。有一些 iPod 的使用者为它做广告，然后放在同一个网站上与其他苹果粉丝分享。

　　品牌狂热度的代表不仅仅只有苹果。索尼 PS3 游戏机首发时，东京街头万人通宵排队抢购的人比苹果"粉丝"更疯狂。Google 的产品也拥有成千上万的粉丝。他们喜欢 Google 的产品，关注 Google 实验室里出来的每一种新技术，从地图到日历，这些人在很大程度上成了 Google 新产品的测试者，甚至可以说他们在某种程度上成了 Google 文化的一部分。这些消费者对质优新奇的商业消费品产生偏执的迷恋，文化和情感因素远远超过了产品价值含量本身。

　　为什么会有这么多人对某个品牌如此疯狂呢？这种魔力似乎并不完全是由企业来控制和引导的，或许有一股更为强烈的社会力量和意识在推动。从技术的角度来讲，互联网是推动因素之一。刻意营造出的蜂拥人气可以通过互联网迅速传到世界的每个角落，还有排队者心甘情愿随时在网上直播自己的排队体验。这些狂热分子能迅速地找到对方，频繁和低成本地交流各自的体验。社会的多元化或许是另外一个推动力。

　　物质丰饶时代，价值观日益多元，小众群落和睦共生，因此，你可以有你的信仰，我可以有我的喜好。更重要的经济驱动力则是全球化的力量。由于通信、物流等成本的降低，全球供应链的便捷高效，企业可以迅速组合全球的资本、市场和劳动力资源，因此，也就形成了全球的影响力。

　　在这个时代，有更多的品牌在短时间内迅速崛起，由于有着足够多的狂热支持者，与那些有着多年历史的老品牌相比，这些新的品牌显得更有号召力和鼓动性。对于历史并不很长的中国企业来说，在塑造品牌忠诚度的同时，是否应该考虑以创新的思路去塑造品牌狂热度。

第 09 章

沃尔玛公司

沃尔玛公司由美国零售业的传奇人物山姆·沃尔顿先生于1962年在阿肯色州成立。经过40多年的发展，沃尔玛公司已经成为美国最大的私人雇主和世界上最大的连锁零售企业。目前，沃尔玛在全球开设了近8000家商场，员工总数200多万人，分布在全球10多个国家。每周光临沃尔玛的顾客达1.75亿人次。

2001年其销售额突破2000亿美元，2007年达3788亿美元，2008年更创世界纪录实现年销售额4056亿美元，相当于全美所有百货公司销售之和。1991年，沃尔玛年销售额突破400亿美元，成为全球大型零售企业之一。据1994年5月美国《财富》杂志公布的全美服务行业分类排行榜，沃尔玛1993年销售额高达673.4亿美元，比上一年增长118亿多美元，超过了1992年排名第一位的西尔斯（Sears），雄踞全美零售业榜首。1995年沃尔玛销售额持续增长，并创造了零售业的一项世界纪录，实现年销售额936亿美元。2003年在《财富》杂志公布的世界500强企业排名中沃尔玛位居榜首，并在《财富》杂志"全美最受尊敬的公司"排行榜上名列第一。现在，沃尔玛商店遍布美国、墨西哥、加拿大、波多黎各、巴西、阿根廷、南非、中国、印尼等国。它在短短几十年中有如此迅猛的发展，不得不说是零售业的一个奇迹。

通过有效的沟通处理企业内部冲突

杜拉克指出："管理者要知道增进沟通的重要性。"只有增进沟通，才能正确处理人际关系。

沃尔玛公司是美国前五大零售商之一，这一公司的原动力就是山姆·沃尔顿。在19世纪70年代，该公司的商店由不足20家扩展到330家，销售额从4500万美元增长到16亿美元。山姆·沃尔顿的办公法说起来非常简单，实际就是关心他的员工。在沃尔顿的坚持下，他公司的所有管理人员，每人都佩戴一个上面写着"我们关心自己的职工"的圆形小徽章。

有一次凌晨两点半，沃尔顿先生睡不着觉，于是从床上翻身而起，到一家日夜面包房去买了炸面包圈，然后送到一个分发货站去，又跟码头装运的工人们聊了一会儿天。最后他了解到还需要增设两个淋浴间。作为一家大型企业里的最高管理者，沃尔顿先生居然能对他的员工有着这样的关怀，这也正是他之所以成功的秘密。

基层职工最重要，优秀的管理者能够有效的与下属沟通，关心下属的生活，因而他就成了下属的原动力，下属就会积极地发挥自己的能动性，实现管理者所期望的最高绩效。

通用电气公司的"朋友制"就是增进老员工及新员工与工作环境之间沟通的典型例子。约翰在参加通用电气公司求职面试的两周后，收到通用电气人力资源部门的信。其中包括录用通知、个人情况登记表以及一封信。信中告诉约翰：公司人力资源部门采用的是"朋友制"做法。根据这一制度，公司将安排一位有经验的资深雇员与新聘的人结成朋友，他会在您收到聘用信及到职的第一个月内为您工作提供各种信息及帮助。

当天晚上，约翰就接到了马力的电话，他们相约在一间咖啡屋见面。约翰在和马力相互了解一些以后，他明白了公司人力资源部门选择马力做他"朋友"的原因：首先，马力和自己一样都是华裔，所以彼此较容易沟通；其次，约翰刚从旧金山来纽约，而马力对纽约和通用的研发部门非常熟悉，可以帮助约翰解决从生活到工作的具体问题；另外，马力热情、友善、乐于助人。当约翰谈及孩子上学的问题时，马力就很热心地向他介绍周围的学校情况，并热心地向他推荐一所好学校。

到了正式上班的那天，约翰来到公司研发部门的办公室。当他走进办公室，正对该怎么做有些不知所措时，马力走了上来。马力先带他去见主管经理，明确了自己工作的职务、内容、要求、基本程序，主管经理还向他交代了当天的工作;然后,马力带领约翰参观了办公室,领取了必需的办公用品,告诉他办公的位置;最后,约翰在一间宽敞的办公室桌前坐下来时,他觉得一切都不再陌生了。午餐时,马力来招呼约翰去吃饭,马力、约翰和其他几位同事就像老朋友一样有说有笑地向餐厅走去。

以上案例说明了有效沟通对于企业良好人际关系的重要性。杜拉克认为:"在一个组织中,自认为有管理天赋的管理者,往往并没有良好的人际关系。"他特别强调指出:"优秀管理人员的一个独特特征是,有能力创造一种下属能够实现的高绩效期望。低效的管理人员没有建立那样一种高的期望,结果,其下属的生产率受损。"也就是说,一个优秀的管理者善于成为下属的原动力。

在自己的工作上和人际关系上都比较重视贡献的管理者,往往都有良好的人际关系,他的工作也因此而富有成效,这也许是所谓"良好的人际关系"的真义所在。那么在管理过程中如何去做呢?

首先,与上司搞好关系。与上级相处时,要理解上司的立场,上司要关注的层面更大,思考得更全面;工作进行到每个段落要先向上司报告,让上司了解进程可以及时调控,也可获得支持帮助,还能让上司了解你的付出;有什么事也要先向上司报告,上司经验丰富,往往具有更准确的判断力,同时向上报告也能减轻自己的责任;及时向上司提出你的意见和建议,注意解决方案与问题同时提出来,如果与上司意见不一致时,充分表达自己的观点后仍要听从上司的安排;还要向上司提供有关工作方面的情报、信息,以及不要背后里说上司闲话,有意见正面沟通等。

其次,搞好同事间的关系。绝不要为小事伤害同事间感情,但也不要因为迁就别人而丧失个性。每个人都有自尊心,但又常忽略别人的自尊心。要想和同事搞好关系,就应该处处重视对方的自尊心,比如争吵或说过激的语言等,都是最容易伤害感情的。然而受同事欢迎的人并不能以丧失个性为代价。善于处理人际关系的人知道在人群中什么时候应该表现自己,不要以张扬的个性证明自己的存在,在必须表明自己的立场和观点时,要注意场合与说话的方式。在与人相处时,尊重别人,控制自己的情绪,可以换场合说的就不要急于说出来,以公平、友好的方式表达自己的观点和个性。

最后,与下级搞好关系。李世民曾说过:"君王是舟,百姓是水;水能载舟,亦能覆舟。"人不应该被视为资源,所以人根本就不是资源,而是运用各种资源的主体。与下级相处不要高高在上,重要的是感情影响、人际吸引以及共同价值观所产生的凝聚力。现代管理强调以人为本,作为上级更应该关心下级生活,理解下级苦衷,体贴下级难处,尊重下级人格。管理者只有建立充满友好、理解、信任、支持、祥和与宽松的人际环境,才能使企业形成有凝聚力的群体,体现人本管理的实质。人本管理在于通过最大限度地发挥企业共同价值观的影响力,充分调动员工的积极性,推动企业更好发展。

通常,下属人员会做他们认为管理者期望他们做的事情。所以,作为管理者的重要任务之一就是协调好企业内部的人际关系,这是管好企业的必要方法。

● 第 10 章 ●

微软公司

微软公司是世界个人计算机软件开发的先导,由比尔·盖茨与保罗·艾伦创立于1975年,总部设在美国华盛顿州的雷德蒙市。微软公司目前是全球最大的电脑软件提供商。微软公司的主要产品为Windows操作系统、Internet Explorer网页浏览器及Microsoft Office办公软件套件。1999年推出了MSN Messenger网络即时信息客户程序,2001年推出Xbox游戏机,参与游戏终端机市场竞争。

管理者的欣赏是员工进步的最大动力

有一则故事很能说明欣赏的力量。当年,俄国著名作家屠格涅夫因为欣赏一篇题为《童年》的小说,便四处打听小说的作者,并鲜明表达自己的肯定与欣赏之意。小说的作者由于得到前辈的肯定与欣赏,受到了极大激励,于是一发而不可收地投入到文学创作中去,最终成为享誉世界的文坛巨擘。这个人就是伟大的文学家高尔基。

欣赏的推动作用是无穷的,这就是詹姆斯定律的核心内容。这一定律是由美国哲学家威廉·詹姆斯提出的。他说过这样的话:"渴望得到别人的认可和赞赏,是人类埋藏最深的本性。"

人作为社会关系的总和,在认识和改造客观世界的过程中也在认识和改造自己。同时,人作为万物之灵,有自己的思想、情感和需求。任何人在成长过程中,都需要得到别人的欣赏和认可。欣赏能够增添动力,激发活力。得到他人欣赏,就是得到了一种肯定和激励,得到了一种慰藉和力量。懂得欣赏他人,就是知道尊重和关爱他人,知道看到他人的长处。

詹姆斯定律的基础在于每一个人的心中都有渴望获得别人认可的愿望。当被别人欣赏和认可某一方面之后,就会从内心自发地认为这是自己的优点,在这一方面就会觉得得心应手、游刃有余,提高与进步也会比别人迅速。

第10章
微软公司

微软的总裁比尔·盖茨没等到大学毕业,就离开了学校,开始了创业。在短短20年的时间里,他集聚的私人财富就超过了世界上最贫穷的38个国家的国民生产总值。

人们常说,推动摇篮的手,推动了整个世界;每一位杰出人物的身后,都有一位杰出的母亲。1975年,比尔·盖茨在哈佛大学读二年级的时候,在母亲节的那一天,他用斜体英文在贺卡上写下了一段话:"我爱您!妈妈,您从来不说我比别的孩子差;您总是在我干的事情中,不断寻找值得赞许的地方;我怀念和您在一起的所有时光。"原来,这位大器早成、独步天下的亿万富翁,从他母亲那儿得到了一份被许多母亲忽视了的珍贵礼物——欣赏。欣赏是一种喜欢,一种陶冶,一种提高,一种收获。欣赏的本质是热爱。母亲欣赏孩子,就像欣赏心中的太阳,收获的是灿烂;老师欣赏学生,就像欣赏园中的花朵,收获的是绚丽;将领欣赏士兵,就像欣赏下山的猛虎,收获的是英勇;领导欣赏下属,就像欣赏优秀的兄弟,收获的是尽心竭力。

欣赏和赞美甚至会将缺点转化为优点。人们总是有掩盖自己缺点的心理,因此在面对自己的劣势时通常会不战而逃,信心全无。而他人此时适当的激励与赞赏则会给他莫大的勇气,是使他坚持的支柱,提高的动力。在不断的坚持中劣势转化成了优势,缺点变成了优点,自信心也会逐渐建立。如果这份赞美是来自管理者,那么相信他前进的动力与勇气会更加充足。

一个成功的管理者,当他的下属犯了错误时,他会选择适当的方式,如私下里面对面对下属提出批评。这样,下属会感激万分。因为他清楚,管理者不仅给了他面子,而且还给了他机会。知恩必报,以心换心,下属会更加努力,作出好成绩来报答上司。

奖励失败，不只是奖励成功

微软公司的前副总裁强·提凡流传于公司内部的名言是："如果解雇犯了错误的人，也就等于否定了这个教训的价值。"

微软公司愿意聘用那些曾经犯过错误而又能吸取经验教训的人。微软的前执行副总裁迈克尔·迈普斯说："我们寻找那些能够从错误中学会某些东西、主动适应的人。在录用过程中，我们总是问应聘者：你遇到的最大失败是什么？你从中学到了什么？"

格里格·曼蒂与别人一起在1982年共同创立了爱林特计算机系统公司，10年后，公司由于入不敷出而倒闭。而微软在1992年12月聘用了曼蒂，任命他为部门主管，负责筹划如何把新技术用来制造消费产品。微软从曼蒂身上发现的不仅是他的技术和管理经验，更重要的是，曼蒂看起来是一个敢用远见打赌的人——即使这种远见付诸东流。微软的人会告诉你：用远见打赌是公司存在的全部。许多远见最终以失败告终，但这并不重要，重要的是他们曾尝试过。

在寻求有远见的冒险者时，微软喜欢尝试那些成功地处理过失败和错误的人。一位高层管理人员说："公司接受了很多内部的失败。你不能让员工觉得如果做不成，他们就可能被解雇——如果那样，没有人愿意承担这些工作。"在微软公司，最好是去尝试机会，即使失败，也比不尝试任何机会好得多。

提拔曾犯错误的员工是微软的优良传统。副总裁鲁兹·席格门曼有一次兴高采烈地对其下属讲述自己的职业生涯："我起初负责的是区域网络系统的行销工作，但是一败涂地。接着公司派我负责视窗系统中的Workgroups的行销工作，起初很不稳定，但逐渐有了起色，于是我被派任比尔的助理。在提出对线上商业服务的建议后，他让我负责开发这个领域,结果是在不稳定中获得成功,因此我获得了今天的副总裁的职位。很难想象如果我开始就一帆风顺,今天又会是怎样的局面。"

1998年,微软的Excel软件上市后被发现有重大瑕疵。

当时的产品经理硬着头皮去见比尔·盖茨详述此事,建议将上市产品全数收回。比尔告诉他:"今天你让公司损失了2500万,我只希望明天你表现得好一点。"时至今日,这位产品经理——杰夫·雷克斯已经成为微软内部顶尖的主管之一了。

由于待开发的领域太多,所以"容许失败"早已成为微软工作程序的一部分了。只要是在合理的范围内,微软人往往不需要为犯错而受到惩罚,因此不会因为畏惧而怯于挑战新事物。就员工而言,不但可以激发其想象空间,更不会轻易就放弃任何一个含有进步因素的机会。对公司来说,容许失败正是进步的契机。

"勇于尝试必有所得",这项原则在微软轻松的工作气氛中获得了真正的实践。

自信是企业业绩成长的动力,但失败却是大多数企业中的员工难以启齿的话题。当人们在尝试中遭遇失误或失败时,自我怀疑可能会压倒一切。这是人性的弱点。恐惧会阻止人们前进的步伐,但"失败并不是罪过"。

第 11 章

海尔集团

海尔集团是世界白色家电第一品牌，1984年创立于中国青岛，现任董事局主席、首席执行官张瑞敏是海尔的主要创始人。截至2009年，海尔集团在全球建立了29个制造基地，8个综合研发中心，19个海外贸易公司，全球员工超过6万人。

2009年，海尔集团全球营业额实现1243亿元（182亿美元），品牌价值812亿元，自2002年以来连续8年蝉联中国最有价值品牌榜首。海尔积极履行社会责任，援建了129所希望小学，制作了212集儿童科教动画片《海尔兄弟》，是2008年北京奥运会全球唯一白色家电赞助商。

海尔集团2010年实现全球营业额1357亿元人民币，同比增长9%，其中海尔品牌出口和海外销售额55亿美元，占总营业额的26%，全年实现利润62亿元人民币。

OEC 管理模式

张瑞敏的"斜坡球体定律"在海尔被奉若神明，大家称其为"海尔发展定律"，它也道出企业发展的一般规律。海尔的经济学家给"斜坡球体定律"列的公式是：$A=(f_{动}-f_{阻})/M$，即企业发展的加速度，与企业发展动力和阻力的差值成正比，与企业的规模成反比。即当促进企业成长的因素（拉动力）大于制约企业成长的因素（制约力）时，企业就能稳步发展；反之，当拉动力小于制约力时，企业就要下滑；当拉动力等于制约力时，企业就处于平衡状态。

张瑞敏的管理模式——OEC（日事日毕，日清日高），就是解决企业从斜坡往下滑问题的方法。

张瑞敏从1989年开始搞日清日高管理，主要针对当时企业管理上普遍存在的一个问题，即管理对过程控制不细。生产制造过程中到处是"金"，生产的投入产出比不合理，造成严重的浪费。为解决这一问题，张瑞敏提出搞"日清",即每天对各种消耗和质量进行清理,找出原因和落实责任,做不到日清,不准下班回家。这就是日清日高管理法的雏形。张瑞敏发现这是一种非常实用而有效的办法,于是加以推广,并在其他工作中应用。通过 ISO9001 的认证后,这一管理思想和方法得到完善,形成了现在的 OEC 管理法。

企业要发展要做大,必须有一个上升力。张瑞敏说,上升力即是创新。海尔模式将告诉你一个真实的海尔,一个简单的海尔,一个简单到你可以学习的海尔。在中国企业的发展进程中,海尔的管理模式注定会写下一笔的,要不然张瑞敏本人也不会站在美国哈佛大学的讲台上,讲中国企业的管理案例。有人将张瑞敏的 OEC 管理称为海尔基因,它移植到哪里就会在哪里生根。依据张瑞敏的解释:OEC 中的"O"表示全方位,"E"表示每人、每天、每事,"C"表示控制和管理,即全方位地对每人每天每件事进行控制和管理。在这里,OEC 管理由三个部分构成,它们分别是目标系统、日清系统和有效激励机制。核心内容可以概括为五句话:总账不漏项,事事有人管,人人都管事,管事凭效果,管人凭考核。用一句话来概括就是"日事日毕,日清日高"。

张瑞敏是以严格管理而著称的,OEC 正是海尔和张瑞敏多年企业实践的结晶。事实上,张瑞敏倡导的 OEC 管理,其本质就是把企业核心目标量化到人,把每一个细小的目标责任落实到每一个海尔员工的身上。

走近海尔,细心的人会发现很多统一的地方。比如海尔的职工餐厅里每一张餐桌上每天都有一朵新鲜的康乃馨。在张瑞敏的书桌上有一本叫做《第五项修炼》的书,在海尔其他员工的桌子上偶尔也能看到这本书。其他如服装、企业标识等都是统一的,而这些统一最根本的是海尔观念的统一或是企业文化的统一。

张瑞敏的管理体系使每位员工都成为海尔这个巨人身上的一块"钢筋铁骨"。美国的一位管理科学家曾经说过,"任何一个企业在任何时候应该不会发生激动人心的事",也就是说一个企业的管理状态始终处在正常的运行当中,而这种状态的实现是要对每个瞬间进行严格的控制才能够达到的。

海尔公司的 OEC 模式从 1991 年创立后推行至今,仅仅用这样一句话介绍,你很难理解 OEC 管理方法的独到之处,只有通过它贯穿和体现在每个工序、每个人身上,才能看到 OEC 的精髓与活力。

张瑞敏最熟悉中国人的秉性,知道中国人最大的毛病就是不认真,做事不到位,每天工作欠缺一点,天长日久就成为落后的顽症。连一块玻璃都有专人负责,张瑞敏知道这是对待中国人做事不认真的最好的办法。于是,从一进入厂区大门,便会发现一个惹人注目的现象:每条道路、每块花坛草坪旁都挂着"负责人××""检查人××"并注明日期的牌子。这种现象到了车间就更普遍了,电梯、窗玻璃、消防器材、每台设备都张贴或悬挂着同样的纸牌。海尔集团咨询认证中心的调研人员说,OEC 管理中的一个重要内容就是事事、物物都有人管,并有人监督检查其管理的效果,以保证整个企业每一环节的运行不出偏差疏漏。

"OEC"管理法由三个体系构成:目标体系→日清体制→激励体制。即首先确立目标;日清是完成目标的基础工作;日清结果必须与正负激励挂钩才有效。这样,从车间工人到集团总部的每一位干部都知道自己每天应干些什么,甚至可能自己考核自己的工作,领取自己该得到的那份报酬。

OEC 的三个体系形成了一个完整的管理过程,为了使基础性的工作能朝着对企业有利的方向运动,必须对日清结果进行正的或负的激励,实现有效激励机制所要达到的目标。

赛马不相马

张瑞敏"赛马不相马"的用人机制是对传统的人事管理和人力资源开

发方式的革命性的变革,是一种突破。

中国企业不缺人才,缺的仅仅只是一种好的机制。这是张瑞敏在企业人才观上的一个著名观点。海尔"赛马不相马"的用人机制的建立,目的就在于尽可能减少人才的浪费,做到人尽其才,在公平、公正、公开的平台上让所有员工去竞争,谁干得好就支持谁,以业绩论英雄,而业绩又是以能力为主要标准的综合素质的反映。在这一点上,海尔的优势人力资源让人惊羡。张瑞敏在1997年接受《东方企业家》杂志采访时,对海尔"赛马不相马"的用人机制发表了精彩的见解,他说:"创造性不是几个人就可以做到的,关键是建立一个不断出人才的机制,才可以将创造性保持下去。作为海尔,我认为成功的地方,不是人们所看到的那些处于重要位置的年轻人,而在于不断催生新的人才的机制。一个不断出人才的机制,才可以将创造性保持下去。年轻人的一个好处是接受新生事物很快,可塑性很强,但一旦掌握很大的权力而自律意识又不强,就很有可能走向另一面。所以,为了保证今天的年轻人能不断地出色地干下去,而且还有危机感和竞争意识,我们这几年一直在为年轻人搭舞台,为所有年轻人提供机会,这样才会使跑在前面的人有危机感,才能保持自己的竞技状态,而跑在后面的又老想超越前面的人,所以才会更加努力。"在张瑞敏看来,"赛马"(即竞争)比"相马"在用人机制上有着无法比拟的优势,并保证人才辈出,而用"相马"的方式选拔人才,则只是一种封建的、保守的做法,是把命运拴在了别人的身上。

海尔建立"赛马不相马"的用人机制的目的就在于使干部的升降、任免市场化,让竞争的结果说话,做到能者上、平者让、庸者下。张瑞敏说:"作为企业的领导者,你的任务不是去发现人才,今天看看培养一下张三,明天考虑一下培养李四。你的职责应该是建立一个可以出人才的机制,这种机制比领导具有敏锐的挖掘能力更重要。"张瑞敏认为人人都是人才,为每一位员工创造一个公平的竞争机会,人事部门的职责不是去研究培养谁、提拔谁,而是去研究如何发挥人员潜能的政策,为"赛马"搭建竞争平台。海尔除总裁外,所有岗位都实行公开竞聘。每个月由人力资源中心公布一次空岗情况和招聘条件,选用标准和程序都贴在食堂里,透明度极高。应聘者做好充分的准备,具有一定的素质,经严格的实际考核(笔试、面试),达标者才可上岗,使每个员工都有机会找到能最大限度发挥自己特长、实现自身价值的位置。张瑞敏说:"兵随将转,无不可用之人。作为一名领导者,你可以不知道下属的短处,但不能不知道他的长处,用人之长,并给他们创造发挥才能的条件,此所谓你能翻多大的跟头,我就给你搭多大的舞台。"正是"赛马不相马"的用人机制,使海尔一大批德才兼备的年轻人脱颖而出,走上了一个个重要岗位,同时也涌现出像柴永森、周云杰、梁海山这样的集团副总裁级的领军人物。

张瑞敏"赛马不相马"的用人机制和"源头论""借力论"共同构成了人力资源开发的理论体系。"源头论"强调员工的首创精神,把每个干部员工都纳入到公平竞争的比赛场中,每个人都是一个市场,每个人都有一个市场,每个员工既可以向别人索酬,也可以被别人索赔,从而把市场的压力转化为员工提高素质、不断创新的动力(即 SST 的市场链模式)。张瑞敏说:"如果把企业比作一条大河,每个员工都应是这条大河的源头;员工的积极性应该像喷泉一样喷涌出来,小河是市场、用户。员工有活力必然会生产出高质量的产品,提供优质服务,用户必然愿意买企业的产品,涓涓细流必然汇入大海。"海尔的看法是"源头喷涌大河满",使每个员工的积极性都调动起来,就成为喷涌许许多多的源头。

在对干部员工的考核上,海尔贯彻"在位要受控,升迁靠竞争,届满要轮岗"的原则。"升迁靠竞争"就是前面所说的"赛马不相马"的用人机制,打破干部身份的终身制。"在位要受控"是对"疑人不用,用人不疑"的反驳,在放手使用干部的同时进行强有力的监督,受控的内容既包括业绩,也包括品质,使员工德才兼备。"届满要轮岗"是指让干部在多个岗位上轮流锻炼，全面增长才干，根据轮岗表现决定升迁与否。这种做法与海尔著名的"海豚原理"有关，海豚要想跳得高，必须深潜，海尔要求中高层干部要有丰富的基层工作经验，同时要具备综合协调能力。

在员工（也包括干部）培训方面，张瑞敏确定了"以人为本"不断提高员工素质的培训思路，建立了一个能够充分激发员工活力的人才培训机制。

在激励机制方面，海尔实行物质激励（薪酬）与精神激励相结合。海尔的薪酬原则是：对内具有公平性，对外具有竞争性，以岗定薪，收入与业绩挂钩。与物质激励相比，海尔的精神激励更具特色。为了充分发挥广大员工搞发明创造的积极性和建言献策的主动性，公司设立了"海尔奖"（对特殊人才的最高级别的奖励，由总裁颁发）、"海尔希望奖"（用于奖励员工的小发明、小革新）和"合理化建议奖"（鼓励员工针对本职工作提出能够提高工作效率和经济效益的合理化建议）。其中最具有海尔特色的是，海尔以发明者或革新者的名字对其发明、革新的工具进行命名，如"马国军垫块""晓玲扳手""启明焊枪""云燕镜子""刘中导热板""红云测试台"等。

企业必须以人为本，因为企业所有的价值都是由人创造的。现代化首先是人的现代化，现代化的主体是人，现代化的目的也是为了人。因此，谁拥有了德才兼备的现代化人才，谁就可以在竞争中获胜。进一步看，现代化的进程不仅仅是经济规模的进程，对于一个企业来说，它是一场全面而又深刻的整体运动过程。伴随着经济结构的变革与推动，它必然要求有与之相适应的管理结构和文化结构，如果没有这种管理结构和文化结构，任何经济的现代化都无从谈起。因此，我们认为，有必要在实践中积极培育这样一种企业文化：人是主体，一切以人为中心。在企业内部营造一种尊重人、信任人、关心人、理解人的文化氛围，让人这个主体富有热情、富有责任感地去进行创造，使管理体制和人的内在需求和谐地统一起来。

制度是管理的法宝

有一个关于"一条鞭子"的故事。

英国古老的剑桥大学有一位著名的校长，治校有方，培养出了很多名满天下的学生。有人问他为何能把学校经营得这样好，这位校长告诉他人，那是因为他用一条鞭子来惩治那些不听话不上进的学生，并且奖罚严明。他还说，如果给他一把手枪，他会把学校管理得更好，培养出更多的好学生。

"一条鞭子"的故事我们也经常见到过，这个故事大概意思也还是说，只要能以"铁手腕"严格执行既定的规章制度，就一定能治理好学校。这里的"一条鞭子"，其实就是严格、严厉，不讲情面的意思。往大了说，不仅管理学校要像这样，从某种程度上讲，企业要想从严治企，也应该像上面例子提到的一样，执行"一条鞭子"的管理政策。

海尔总裁张瑞敏在各种场合讲到海尔的成功历程时，总是不忘提到13条规定，其中包括不准迟到、不准打毛衣、不准在车间内随地大小便……这些在现在看起来很琐碎、细小，简单得令人发笑的规定，但确确实实地击中了原海尔员工的要害。通过海尔管理者的严格管理，这13条管理规定得到了严格的执行，使海尔人的工作面貌有了很大的改善，同时在海尔内部树立了"有规必行"的观念，使规章制度不再是"可有可无的摆设"。此后，海尔的管理者又逐步推出各种新的细化规章制度，做到了"有规可依"。逐渐地，海尔的企业管理由无序转向有序，逐步成为一个有执行力的组织，开始了海尔的辉煌之路。

国有国法，家有家规。公司制定出来的各种规章制度，不能只是纸上谈兵。作为企业的管理者，你应当有铁面无私的精神来贯彻并发扬合理的规章制度，一旦发现有人违反规定，一定要严格执行，绝不手软。

但是，应该清楚，"绝不手软"并不一定是滥施权力、粗暴蛮横地对待员工，以显示自己的威信。对雇员要公道，在处罚时要有充分的根据，它包括解释清楚公司为什么要制定这条规章，为什么要采取这样一个纪律处分，以及希望这个处分产生什么效果。

我们要知道的是，执行任何的规章制度，目的都是为了维护良好的秩序，而不是处罚本身；因此，你应该向你的雇员表示你对他的信任和期望。在对违反规定的员工处罚完以后，要肯定他的价值，以向上的激情去鼓励他，以消除他对处罚的怨恨和郁闷之情。

现实中，也有许多管理者认为"这些规定谁都知道"，我没有必要整天把制度挂在嘴边。但是，新来的雇员，甚至有时有些老雇员，直到自己违反了某项规定，才恍然大悟一般，知道原来还有这样的一条规定。因此，加大对制度的学习，也是十分必要的。

当然了，作为企业管理者，自己更应该明白以身作则的重要性。如果你没有这样做，那你就是在向其他员工表示，制度只不过是一种摆设。同时，你也不应该不分青红皂白，草率地惩罚或处分员工。在你作出判断之前，甚至是在你做任何事情之前，你必须知道事情的来龙去脉，并要搞清楚员工为什么要这样做，他的动机是什么，等等。

制定出的规章不是为了显示纪律严明。当然，并非每次的处罚都要一视同仁，它的意思不是说面对违规行为采取统一的措施，而是说在相同的环境和条件下，违规行为都要受到同一种惩罚，不能有丝毫的偏颇。

世界上不管是跨国公司还是私营商店，对经营管理都十分重视，不但有现代化的系统论管理、方针目标管理，而且部门与部门之间都有一整套的管理办法和管理制度，像一架机器一样不停地、有条不紊地运转着。

英特尔从创立开始就非常强调"制度"，处处都有清楚的规定，每天早上的上班制度，就是最明显的例证。在英特尔，每天上班时间从早上8点整开始，8：05分以后才报到的就要签名在"英雄榜"上，背负迟到的

"罪名",即使你前天晚上加班到半夜,隔天上班时间仍是上午 8 点。这和 20 世纪 70 年代嬉皮盛行、个人享乐主义凌驾于一切的美国有些背道而驰,可是却延续至今,始终如一。

英特尔整个公司的管理制度都很严明,从制造、工程和财务,甚至行销部门,每件事情都有清楚的规范,人人都以这些规范来作为自己工作的准则。许多公司重视人性管理,以重视员工为口号,只有英特尔强调制度胜于一切。这种注重企业自主管理的经验和方法,使英特尔的企业文化独树一帜。

制定规章制度应注意以下几点:

(1)规章制度的制定不能违法

经常可以见到,在制定规章制度的时候,很多的企业由于对现行法律的不了解和不在乎,导致了与法律的冲突和矛盾,从而不具有法律效力。因此,在对处理违规员工的时候,由于没有效力,难以产生作用。而且,由于得不到法律的支持,所定的规章制度不过是一纸空谈。因此,规章制度内容必须合法。

(2)规章制度要经过民主程序肯定

顺应民主,才能持久。然而,现在大多数企业在制定规章制度的时候,往往只是几个高端管理者或者董事会的成员制定实施。企业的规章制度应该通过民主大会的形式,经民意代表同意,并且多数员工通过,才具有效力。

(3)规章制度应该及时修改、补充

市场不断变化,形势也在不断变化。因此,企业的规章制度应该不断地修正和改善,只有不断地推陈出新,制定适合当时情形下的法规,定期或不定期地检查,及时修改、补充相关内容,才能保证制度和规章的合理性、时效性。千万不能认为把规章制度制定好以后便完事大吉。

要把企业运作好,管理者需要建立一套完善的制度。制度设计合理、运作有效,企业高效运作,员工士气高昂,企业才能蒸蒸日上。所以,企业建立一套合理的制度至关重要。

第 12 章

杜邦公司

杜邦公司是美国大型化学公司，1802年由杜邦在美国特拉华州威尔明顿附近建立，以制造火药为主。20世纪，开始转入产品和投资多样化，经营范围涉及军工、农业、化工、石油、煤炭、建筑、电子、食品、家具、纺织、冷冻和运输等20多个行业，在美国本土和世界近50个国家与地区设有200多个子公司和经营机构，生产石油化工、日用化学品、医药、涂料、农药以及各种聚合物等1700个门类，20000多个品种，共有员工80000多人。1983年总营业额达353.78亿美元，居世界化学公司年销售额之首。

别过于依仗家族成员

在企业发展史上，无论是在任何国家，都有许多家族企业，这些企业是由家族控制并管理的。而且，家族管理并不一定是中小型企业，其中占据同行业领先地位的世界级大公司有很多也是由家族经营的。当然，单纯从企业的功能性的工作来讲，家族管理的企业与专业管理之间是完全相同的。比如说，所有的企业都会涉及到的研发、营销、会计等。然而，家族企业的管理规则，却与专业管理规则不尽相同，而且必须严格遵守这些规则，否则，家族企业将无法生存，当然更提不到企业的发展了。

杜拉克说："家庭成员不应该在企业里工作，除非他们非常能干而且勤奋。"一个家族管理的企业里，无论家庭成员的工作或职位是什么，他总是处在"高级管理阶层"，这是十分正常的。因此也就难以避免让非家族成员的同事、员工感到不舒服。不要认为这样可以起到监督作用，这是对非家族成员员工自尊的一种冒犯。这种监督与给员工带来的消极情绪相比得不偿失。尤其是让平庸、懒惰的家庭成员在家族企业中占着位子，无疑是件极其糟糕的事，他会降低企业里整个职工队伍对高层管理乃至对整个企业的尊敬。

第 12 章
杜邦公司

杜邦公司就是一个家族企业，它之所以能够生存并且兴旺发达，是因为杜邦家族的所有男性成员在公司里无一例外都是从基层做起。5 至 6 年后，由几位家族长者对其表现做详细的评估。如果评议的结果认定该成员在 10 年之后不大可能成为高级管理人才，就会被毫不客气地请出公司。

杜拉克认为："公司管理层必须有一个高层职位由非家族成员来担任。"而且，他还认为："在家族企业里，越来越需要在关键的岗位上安排非家族成员的专业人士。"家族企业需要一位极受尊敬的人来参与高层管理，他的职位可以是财务主管或研究部主管，甚至也可以是营销或人事主管，这样就不会把生意同家族搅在一起。另外，不论家族成员多么能干，本身的意愿多么美好，他如果难以胜任，主观愿望往往就难以达成客观现实。无论在生产还是在营销、财务、研究、人事管理等方面，所需要的知识和专长都很高深，不论一个家族多么优秀，也不可能有足够的人完全胜任这些工作。因此，对那些非家族成员的专业人士，一定要平等对待，让他们在公司里享有"完全的公民权"，否则他们根本就不会为实现家族企业的利益而长期在这些专业岗位工作下去。1967 年年底，杜邦公司的科普兰把总经理一职让给了非杜邦家族的马可，这在杜邦公司史无前例，而且财务委员会议长也由别人担任，科普兰自己专任董事长一职，从而形成了一个"三驾马车式"的体制。1971 年，科普兰又让出了董事长的职务。

杜拉克还指出："要让外聘管理人员享有'主人感'。"对于家族企业中外聘的高阶层专业管理人员，只有让他享有所应享有的报酬和激励，他才会有"经营自己的事业"的感觉。1920 年，杜邦在改组公司的时候专门为此发明了一种优先认股制度。这一决定曾遭到杜邦家族的强烈反对，但是杜邦坚决相信他这项制度是正确的。后来事实也证明了他这一做法的正确。这一制度的重要性不在于金钱，而在于管理人员由此获得了地位。事实上，如果不是这一套制度，杜邦公司的外聘管理人员将有被歧视的感觉，杜邦公司的历史可能会改写。

在家族企业当中，管理层的继承问题也是一件大事，这时候经营的需要与家族的需要发生了冲突，严重的会导致分裂的结果。解决这一问题的办法就是在家族成员开始对继承发生分歧前找出一个非家族成员作为仲裁者。

家族企业一旦发展到一定规模的时候，就算已经能够吸引和保留外聘的专业管理人员了，也不一定可以持续经营。一个家族企业在成长及繁荣之后，其家族成员有可能分心于别的事情，渐渐日趋独立，另谋他业。结果家族成员中能继续专心致力于企业工作的人数也就会日益减少，呈减少趋势的往往可能是干练型的人才，最终发展至整个家族企业成为专业管理人经营的企业。

在家族企业管理中，传统的管理模式是让家庭成员担当主要角色，直接参与管理，有利有弊。但是，家族成员在企业中介入面越广，分布阶层越多，也就越麻烦。在一个企业中，家族成员的过多参与往往是弊端大于好处。

诚然，国外不乏家族企业成功的例子，但中国国情不一样，我们对私有财产管理、运作、监督的法律制度不如人家完善，财产管理的社会服务水平不如人家高，几乎每一方面都得亲力亲为。也就是说，几乎不可能要求家族在公司任职的每一成员都是岗位上的专家。然而家族化经营又有一定的封闭性。由于家族观念根深蒂固，企业引入优秀人才比较困难。而矛盾的是，企业发展壮大又急需人才加盟，因此只能从家族内部挖掘，结果是"矮子中拔将军"，家族中一些资质平庸、能力一般的人进入企业管理层。虽然这些人贡献并不大，甚至比其他员工还小，但他凭借自己的特殊关系颐指气使、养尊处优，不干实事，还要获得超额利益，甚至争权夺利。这类情况破坏企业的管理与激励机制，直接影响到非家族成员的工作积极性，进而影响到企业的发展壮大。

由于中国的人情关系，家族成员的角色冲突也很严重。一方面，家族成员是企业的员工，某管理人员的下属，需要听从上级的指挥；另一方面，家族成员又是董事长、总经理的亲属，甚至是长辈，有些人还自恃关系，导致工作关系难以处理。家族成员都是"特权阶层"，其他员工感觉自己是"外人"，有贡献得不到认可，从而打消了工作的积极性，这对企业的管理和发展也是极其不利的。

家族企业初始阶段，其发展是迅速的，正面作用大于负面作用，这种管理是有效的。但是，一旦企业发展了，弊端就会暴露出来。家族成员往往会因利益分配上的纠纷而形成对立群体。

比如，四川希望集团，是中国目前最大的一个纯家族式私营企业。当企业发展到相当规模时，"爆发"了家族内部的革命，原企业一分为四，兄弟四人各立门户。再如，浙江十大发明企业家之一的祝强企业，在企业发展如日中天的时候"后院起火"，原任企业副总的妻舅，以资产分割为由把祝强推上被告席。

历数一桩桩、一件件家族企业的兴衰，家族企业的管理者应该深深的感悟到：家族企业需要遵循杜拉克的原则，不能任人唯亲，要任人唯贤。

一个家族企业，常常是在不到两代人的时间内，或者在企业尚未发展到中等规模之前，家族后人便往往由"创业型"转变为"受益型"。所以家族企业管理者一定要未雨绸缪，培养家族里精明强干的后人继续为该企业奋斗，而让其他的家族成员自主创业，仅作为企业的外部投资人。

第 13 章

麦当劳公司

麦当劳公司是大型的连锁快餐集团，在世界上大约拥有30000家快餐厅，主要售卖汉堡包、薯条、炸鸡、汽水、冰品、沙拉、水果。麦当劳餐厅遍布全球100多个国家和地区。在很多国家麦当劳代表着一种美国式的生活方式。

在世界各地的麦当劳按照当地人的口味对餐点进行适当的调整。另外，麦当劳公司现在还掌控着其他一些餐饮品牌，例如午后浓香咖啡、墨西哥大玉米饼快餐店、Donatos Pizza。

麦当劳公司2001年的总收入达到148.7亿美元，净利润为16.4亿美元。大多数麦当劳快餐厅都提供柜台式和得来速式（即指不下车便可以购买餐点的一种快餐服务。顾客可以驾车在门口点菜，然后绕过餐厅，在出口处取餐）两种服务方式，同时提供室内就餐，有时也提供室外座位。

打破一成不变的管理模式

经常可以听到、看到这样的现象：当成功的公司面对市场环境的巨大变化时，它们常常麻木而且迟钝。面对以新产品、新技术和新战略武装起来的竞争者时，它们往往无力自卫，令人费解而又疑惑。

为何成功的公司会走向衰败呢？经常有人认为问题在于麻痹大意，面对商业环境的迅速变化，公司无力反应，只好束手就擒。但是这一解释不符合现实，在研究那些一度繁荣又在环境变迁中奋斗过的公司时，我们发现能够表明麻痹大意的证据很少。而恰恰相反，面对困境的公司管理者们总是很早就意识到威胁，并迅速对其作出积极反应。尽管这样做了，但公司仍然步履维艰。

真正的问题在于，面对困窘，公司就像一个杀毒软件，没有升级自己的程序，公司的管理者沉醉于过去创造成功业绩的管理模式，他们仅仅采用历史上被证明为正确的策略与行动，就像挖洞，他们所做的仅仅是挖得再深一点。

制度往往会僵化。公司获得最初成功的新思想被一种沉醉于现状的僵化思想所取代。当公司面对的市场环境发生变化时,过去的成功模式反而会束缚公司的进步。

成功的管理者不要急于问"我们应该做什么?"管理者首先要静下来想一想"是什么在妨碍我们?"

麦当劳就是这样一个例子,这家公司管理方式的僵化使自己对变化的市场条件反应迟钝。在20世纪90年代早期,这家快餐业巨人的经营手册有750页厚,其规定具体到每一家餐厅经营的每一个方面。多少年来,这家公司一直重视使工作过程标准化,一切活动均由总部下达指令。这使得麦当劳发展出一种成功的模式,从一个市场发展到另一个市场,确保一致性和高效率以吸引顾客并击败对手。

然而到20世纪90年代末期,麦当劳显得墨守成规了。消费者希望吃到有特色的食品和更为健康的食品,竞争者通过提供新的饮食品种来适应这种消费者口味的变化。然而麦当劳对变化反应缓慢。它历史上的优势——一门心思重视改进大规模生产变成了它的弱点。由于饮食品种的改变要得到总部许可,这家公司就抑制了创新,拖延了行动。直到后来,公司改变了这种旧的管理模式,才有所起色。

目前,有许多企业普遍对管理变革存在着认识误区和困惑。多数企业认为,有了问题才需要进行管理变革,更多的人则是把管理变革当成是一剂扭亏为盈的药方。事实上,管理变革的最终目的,并不仅限于扭亏为盈等短期行为,更重要的是通过变革,使企业对变化万千的外部环境作出快速的反应,以确保企业能在激烈的竞争中保持优势。因此,每个企业,不论其效益是否显著,是否在行业中成绩斐然,都需要持续性地作出变革。

因此,身为管理者,必须有勇气改变自己的思维,尝试打破自己以往的经验。环境不同了,条件也发生了变化,经验也有落伍的可能。这个时候，管理者必须有勇气跳出以往的经验形成的理念桎梏。

新的时代，新的变化，新的机遇。管理模式要改革，要发展，但更要创新。改善管理模式在于科学正确的管理工作，在于不改变企业本质，不改变企业效益，不改变企业宗旨的基础上实现其创新。

多样化的人才与后备人才的储备

对于一个企业来说，主力队员很强大，但"板凳"（替补队员）不够"深"（能力不够），一旦主力队员受伤或遇上"多线作战"疲劳时，打不过一支弱队也就没什么大惊小怪的了。我们通常把这些后备人才称之为企业里的"板凳队员"。

麦当劳，一个家喻户晓的名字，它的服务水平、服务质量让世界每一个人都佩服得五体投地，它的商业广告涉足到每一个角落，甚至聘用刚刚学会说话的儿童来做——"一切美好，尽在麦当劳"。当你品味着香脆的鸡腿，你会感到一种文化的品位，而非一种实惠的享受。

麦当劳作为一种时尚也好，一种文化享受也好，它的服务水平、服务标准、服务速度，都体现了高超的组织和管理水平，其所运行的一套有效的人事制度功不可没。

多样化的人才结构是麦当劳的一大特点，也是麦当劳公司招聘工作中的指导思想之一。正因为如此，麦当劳的职工不同于其他公司。按理说，毕业于饮食服务大学的职工应该占大半数，然而实际上只占30%，40%的职工毕业于商学院，其他的则来自在校学生、工程师、教师等。同时，麦当劳公司拥有一支庞大的年轻人才作为后备军，它由许多名大学生组成，他们一边上学，一边利用空闲时间到餐馆打工。这些后备人才将有机会成为麦当劳公司未来的总裁、经理，他们可以根据麦当劳安排的培训计划担任各种职务，并且有可能是担任当地的麦当劳经理助理。

多样化的人才组合与庞大的后备力量使人才的培养和提升有极大的选择性，它们一起成为麦当劳管理阶层的稳固基石，不断构成新鲜血液，注入公司中去，为公司赢得更多的利润。

那么怎么才能建立多样化的人才培养和组合呢？当前的劳动力结构在技术与经济发展过程中明显具有多样化的趋势，这是因为经济全球化使当代劳动力结构和劳资关系发生了巨大变化，日益多样化的劳动力结构有利于加速企业创新。因此，需要企业内部建立了或正在建立富有弹性的人性化劳动力管理政策与体系。这些政策与管理体系包括弹性的工作时间与排班计划、灵活的财务报销与福利计划、设立符合人才能力的工种和相应的工作环境、给予个人充分发挥潜能的职业机会。

麦当劳在很早就有一套专门用于后备人员的晋升制度。一般人员在麦当劳公司工作了6个月的时间以后都会成为麦当劳公司的雇员，一个刚参加工作的出色的年轻人，可以在18个月内当上麦当劳公司的经理，可以在24个月内成为监督管理员。而且，晋升对每个人都是公平合理的，既不作特殊规定，也不设典型职业模式，每个人主宰自己的命运。适应快、能力强的人能够迅速掌握各阶段的技术，从而更快地得到晋升。这个制度可以避免滥竽充数，因为每个级别都要经常性地培训，只有有关人员获得一定数量的必要知识，才能顺利通过此阶段考试。因此，那种公平的竞争、优越的机会吸引着大量有文凭的人才到此施展自己的才华，实现理想。

麦当劳晋升制度的过程是这样的：

首先，必须当4～6个月的实习助理，在此期间，以一个普通班组成员的身份投入到公司各个基层工作岗位，在这些一线工作岗位上，从事助理的工作。应当学会保持清洁和最佳业务的方法，并依靠自己最直接的实践来积累客观良好管理经验，为以后的管理工作做准备。

其次，4～6个月后在每天规定的一段时间内负责餐次工作，与实习助理不同的是，还要承担一部分管理工作，如：订货、计划、排班、统计……来展示管理才华。

再次，8～14个月以后成为一级助理，即经理的护卫队，与此同时肩负着更多的责任，并且在餐饮管理的各方面要独当一面，管理经验才能日臻完善。

最后，从此以后，会有一个欢乐的"度假期"，飞往美国芝加哥汉堡大学进修15天，此时可以与全球管理经理畅所欲言，各抒己见，谈笑风生。因为那里是国际培训中心，是理论与实践相结合最完美的地方。当然，如果很羡慕这美丽的地方，可别忘了向麦当劳总公司请求，它一定会要你每年至少一次去美国芝加哥学习。也有可能，很多人讨厌这种循环往复的机械学习，可是麦当劳总公司并不这样认为，"不想当将军的士兵，不是好士兵"。这种最简单的学习，是提高服务水平、服务质量的基础，只有熟练才能生巧。

克里曼·斯通曾经说过："全世界所有员工最大的福利就是培训。"

要使人才培训后不流失，关键要把培训与员工个人的职业生涯发展相结合。

麦当劳的这种人事制度不仅有助于工作人员管理水平的提高，而且可以提高员工的自觉性、积极性、能动性、创造性和企业归属感，来增加企业产出的效益和组织凝聚力，并为企业的长期战略发展培养后备力量，从而使企业长期持续受益，由此吸引了大量有才华的年轻人加盟。

这种人事制度不仅吸收了一般工作人员参与，也为麦当劳高层管理人才提供了广阔的发展空间，并为企业的长期战略发展培养后备力量，从而使企业长期持续受益。

在麦当劳取得成功的人，都有一个共同的特点：从零开始，脚踏实地，实事求是。炸土豆条、做汉堡包，是最简单的工作也是使公司走向成功的必经之路。这对于那些高校毕业的大学生来说是不是大材小用呢？用麦当劳总裁的话说:"最伟大的人来自最平凡的工作,他们必须懂得:脚踏实地、实事求是、从零做起,是在这一行业中成功的必要条件。如果没有尝试,没有实践,那你又如何以管理者的身份对你的员工进行监督和指导呢?这是管理者最起码的工作。"

麦当劳以一流的服务,一流的质量赢得顾客的信赖,以与众不同的人事制度、管理模式,招揽世界各国英才,也培养大批的管理人才,使它的"板凳"更有了"深度"。

成功和有效的员工培训和培养计划,不仅提高了企业员工素质,丰富了员工的职业技能,而且满足了员工自我实现的需要,从而增加了企业凝聚力,是企业多样化人才战略的强有力武器。不论是多么优秀的员工,企业都负有进行培训和培养的任务。培训和培养不仅仅局限在新员工的岗前培训,主要的重点应当是企业员工的岗位再培训。这不仅能提高员工完成本职工作的技能和知识,而且通过对员工其他技能的培训,有助于对员工潜能的进一步开拓。同时,企业的独特文化和职业技能,也对企业的后备人才产生了深远的影响。

第 14 章

惠普公司

惠普公司是美国电子工业企业，世界IT巨头，成立于1939年。创业者是比尔·休利特和大卫·帕卡德。当时他们的"公司"只是设在一个汽车库里。他们的最初产品是音频振荡器。在用集成电路芯片从事商业生产和制造消费品，特别是在制造电子计算机主机和微型计算机方面，取得了迅猛的发展。

20世纪50—60年代，由于多次兼并活动，扩大了公司的经营规模。70年代初，又兼并了一些医学电子设备和分析仪器的公司而进入医疗电子技术领域，开始向多样化发展。惠普公司的产品在技术、工程、商业、工业、医疗和教育等领域有广泛用途。主要产品有4000多种，分为5类：电子检测和测量仪器系统；数据处理和计算产品；电子医疗设备；化学分析产品；固体部件系列。在美国国内，有20多家工厂和子公司，主要分布在加利福尼亚、俄勒冈、科罗拉多等州；国外子公司主要分布在欧洲、拉丁美洲、亚洲、大洋洲等地的20多个国家和地区，并在国内外设立了一批研究和发展机构。

2010年惠普公司拥有资产1145亿美元。在2010年度《财富》杂志全球500强公司排名中居第26位。公司总部设在加利福尼亚州的帕洛阿尔托。

永远不要对你的员工颐指气使

许多人小时候都喜欢捕捉麻雀。在捕捉麻雀时，用什么作诱饵呢？当然不是人们自己的食物，而是用谷子或者麻雀喜欢的昆虫。这其中蕴含的道理非常简单。然而管理者在激励员工时所犯的一些错误，就像用水果去引诱麻雀一样可笑，而管理者自己却浑然不知。激励员工就要给员工最感兴趣的东西，这个要求看似简单实则非常复杂，所以管理者要尝试多种激励方式。

第 14 章
惠普公司

美国惠普公司创建于 1939 年，在全球 500 家最大工业公司中排名第 81 位。1983 年英国女王访美时，曾提出只参观一家公司，那就是惠普公司。惠普的创始人比尔·休利特说："惠普的成功，靠的是'重视人'的宗旨。"这一宗旨的核心就是关怀尊重每一个人，并承认他们每个人的成就，使每个人的尊严和价值得到认可。许多年前，惠普的最高层管理者戴维·帕卡德在一位工厂经理的陪同下巡视车间，巡视中他们看到一位机械技工正在磨光一个塑胶模具，于是停下脚步。他用了很长时间才磨光它，正准备做最后的修整。戴维·帕卡德不假思索地伸出手，用手指搓了搓那个模具。机械技工见状立刻说道："把你的手指头拿开，别碰我的模子！"那位经理马上提醒他："你知道这个人是谁吗？"机械技工当即反驳道："我管他是谁！"

听了这句话，戴维·帕卡德并没有生气，而是诚恳地告诉他，他这样做是对的。他有一份重要的工作，因此尽心尽力，并以他的工作为荣。

管理者应该清醒地认识到：管理者和员工之间没有贵贱之分，有的只是级别之分。在这层认识的基础上，管理者应力争做到不摆架子。这是尊重员工的根本。比如员工在处理业务时出了问题，不知如何解决，这时管理者所要做的不是嘲笑或轻视他们的能力，而是把他们召集起来，对他们说："来，让我们一起研究一下这个问题。""我们""一起研究"这些词语常会极大地激励员工——他们会感觉无比兴奋，浑身有用不完的力气，满脑子有用不完的智慧。

总之，所谓好的管理者乃是尊重人的管理者，他并非以工作为重心加以监督，而是以人为重心加以信赖。对下级从不以支配者自居，是一种懂得下属心情与立场的管理者。员工得到上司的尊重，心中就会有满足感，他们更会竭尽全力做事。

长期管理实践证明：尊重是员工最根本的需要。美国加利福尼亚州一家钢铁公司，出现了令人头痛的员工蓄意怠工的问题。老板心急如焚，他又给员工加薪，又给员工授权，可没有产生丝毫激励效果。情急之下，公司老板请来一位专家，让他帮忙解决这个棘手的问题。这位专家来到公司后，不到一个小时就找到了问题的根源。

当时，公司的老板说道："好吧！让我们在厂里转一圈，你就会知道这些肮脏的懒虫们出了什么毛病！"听了这话，专家立刻就知道毛病出在哪儿了。

他开出的"药方"很简单："你们所需要的，就是把每个男员工当作绅士一样对待，把每个女员工当作女士一样对待。这样做了，你的问题不消一夜就会解决。"

工厂管理者对专家的建议半信半疑，甚至不以为然。专家说："诚恳地试上一个星期吧。如果不见效或不能使情况好转，你可以不付给我钱。"管理者点头同意了。

10 天以后，该专家收到一张便条，上面写着："万分感谢，詹姆斯先生。你会认不出这个地方了，这儿有了奋发向上的激情，有了和睦共处的新鲜空气。"

每一个人都渴望得到他人的尊重。心理专家说：希望得到别人的尊重是我们人类的基本需求之一。员工也希望在工作场所里能获得别人的尊重，他们希望能有人欣赏他们，对他们微笑。一个人不论具有多大的才能，若无法满足其被尊重的欲望，他的工作积极性和创造激情便会被削弱。因此，管理者一定要像尊重专家那样尊重每一个员工，用尊重感染员工、激励员工。

尊重员工，管理者可以解除与员工之间的感情障碍，得到员工的拥戴；员工的被尊重的需求一旦得到满足，精神就受到激励，从内心产生优越感和强大的自驱力，从而高效率地完成任务。如果你自以为是，任意行事，他们则变得唯唯诺诺，这样一来，他们的创造力也就无从谈起，结果也就可想而知。

满足被尊重的欲望,他的积极性便会被调动起来。因此对管理者而言,要想成功地激励员工,一定要像尊重专家那样尊重每一个员工。令人惋惜的是,许多管理者不是不明白这个道理,就是不愿去正视。在他们的观念中:只有我才是企业的主人,我给你一份工作,你就要好好给我干活。要他们"放下身架""取悦"员工,是非常困难的事。无论何时何地,他们总是以高姿态来面对自己的员工。为了提高工作效率,对员工呼来喝去,效率若提不上去便极尽挖苦嘲笑之能。这些过激的举止严重伤害了员工的自尊,进而产生许多不良影响,比如打击了员工的工作士气和创造力,降低了员工的凝聚力和向心力,产生沟通障碍等等,影响公司业务的进展。

要想充分发挥尊重的激励作用,管理者不能只做表面文章,或仅凭一时所需而为。如在企业遭遇危机时,便摆出一副尊重员工的样子,激励员工更好地工作。一旦雨过天晴,便故态复萌,仍旧一副高高在上的样子。被列为美国企业界十大名人之一的IBM创始人沃森常说:作为一个企业家,毫无疑问要考虑利润,但不能将利润看得太重。企业必须自始至终把人放在第一位,尊重公司雇员并帮助他们树立自尊的信念和勇气,这便是成功的一半。

对于企业的员工而言,最能体现其价值的除了报酬外,尊重应该是最起码的体现。然而总是有一些企业的管理者想尽各种办法监控员工的行为,甚至干涉员工的隐私,结果却引起了激烈的争论。

现在是知识经济时代,作为现代管理者,需要懂得用巧妙的手段管理员工,而不是借助一些高科技的方法给员工制造心理压力。如果要让员工踏踏实实地为企业服务,就给予他足够的空间,这个空间包括他的个人自由。

作为管理者,有必要对员工的隐私给予基本的尊重,而不是成天寻思如何破译员工的邮箱、查看其上网记录,甚至对员工的任何事情都要刨根问底。没有树立自觉工作的企业文化，就不能激励员工努力工作的热情，手段再先进也无法让员工人尽其才，相反只会引起员工的反感和误会，使事情越做越糟。

一个聪明的企业管理者应在"尊重"和"激励"上多下功夫，先了解员工的需要，然后去"满足"他，万万不可先聘用他，然后再"榨干"他。

把诚信作为日常工作的座右铭

"诚信"这两个字在所有的企业家心中都是沉甸甸的，惠普公司前CEO卡莉更是把诚信作为自己日常经营过程中的座右铭。

卡莉一贯认为：公司应该致力于建设激动人心的，能够挑战员工聪明才智的工作环境。每个人都可以在这样的环境中作出贡献，不断成长。卡莉坚信：如果拥有了合适的工具，获得了有效的支持，每个人都愿意并且能够做好工作；人与人可以精诚合作，完成不寻常的工作。公司致力于招聘优秀而富有创造力的人才，以组建具备多方面能力的团队。卡莉把"信任和尊重个人"作为"惠普之道"核心价值观念之一；体现了公司"以人为本"的管理思想。

容忍个人的不同需要，是"惠普之道"的另一个要素。有时人们会碰到个人问题，而这种个人问题又暂时影响到他们的表现和态度，因此重要的是，在解决这些问题的同时敏感而理解地对待处于这种处境的人。

许多公司规定，雇员一旦离开公司，他们将没有资格得到重新雇用。多年来，有一些人因为其他地方似乎有更大的机遇而离开惠普。但只要他们没有为一家直接的竞争对手工作，只要他们有良好的工作表现，惠普就欢迎他们回来。他们了解公司，无需再培训，而且通常由于有了这种额外的经历而有着更愉快更好的动机。

失去诚信就代表着失去员工的支持，失去客户的支持，失去消费者的支持，这家公司也就失去了存在的理由和价值。而有了诚信，即使面对困难，你的员工，你的客户，还有其他关心你的人都会给予你理解与帮助，一定会渡过难关。

卡莉希望所有的惠普人彼此坦诚相待，以赢得他人的信任和忠诚。公司内的各级员工都应奉守最高的职业道德标准，并能充分理解臻于至善的深刻含义。虽然在事实上，公司员工的个人道德操守并不受惠普公司规章管理制度的约束，但诚信作为公司不可分割的组成部分，卡莉希望它能够在员工中代代相传。

在商业经营当中，卡莉也时刻以诚信来提醒自己，在每一次合作或每一次交易的过程中，她都力求以诚相待，不在细节上做文字游戏，不在应付或应收账款中有任何马虎。甚至公司所面临的一些问题她也没有回避，而是坦诚相告，并作出详细报告及预测，以证明这些困难是暂时的。

卡莉将诚信这两个字作为信条贯穿于她的管理和商业生活的始终。2000年2月美国出版了一本题为《百万富翁的智慧》一书，对美国1300位百万富翁进行了调查，在谈到为什么能成功时，受调查者竟没有一位归结于"才华"，而最普遍的一个回答是：成功的秘诀在于诚实、有自我的约束力、善于与人相处和勤奋。

这里的诚实，似乎并非指某个人的禀性，而更在于一个企业或团队的共同的素质，一种生存的基因。

任何一家企业如果基因出现了混乱，等待它的必然是毁灭性的结局。

卡莉认为一个公司如果要快速发展，"闭关锁国"是行不通的，整个公司应该是开放的。她所说的开放是指两个方面，即员工的开放式管理及与同行开放的合作。

员工之间的开放式管理，这种管理的目的在于确保提出问题的管理人员及员工不会给自身招致不利的后果。而开放式管理中最重要的内容是信任和诚实。开放式的管理方法可以应用于以积极的方式分担员工的感受与挫折，从而更好地了解不同的解决方案。在与员工的交流中，和员工一起讨论职业选择、业务违纪以及交流不畅等种种问题的症结所在，增强企业管理者与员工之间的互相信任，增强企业凝聚力及向心力。这种开放式管理的重点在于公开交流。而公开交流方式的核心内容是坚信一点，即如果给员工们提供以适当的手段、培训和各种信息，员工将尽他们最大的努力为企业作出贡献。而这种公开交流更可以达到惠普员工与客户及其他有关人员之间非常紧密的团队合作关系。同时要加强员工的成就感和奉献精神，以达成建立在信任和尊重基础之上的良好的客户关系。

另外一方面，卡莉也深知，自己的改革要得到正确实施，离不开合作伙伴的支持。在现代技术飞速发展的今天，IT厂商一定要成为客户的合作伙伴。现在的用户需要的是合作伙伴，而不单是产品。以前IT市场的特点是硬件产品"从无到有"的竞争，这个阶段的实质是"人无我有"，拼产品质量、性能价格比、服务和渠道，产品是核心，但到了产品同质化的今天，企业用户开始需要选择合作伙伴，而不再在乎是什么品牌的产品。

在卡莉的这次改革中，惠普学会了开始对外合作。之前的许多公司包括惠普在内都习惯单兵作战，不习惯与同行业的其他公司合作，以达成某种独立性。而卡莉则认为，在竞争日益加剧的今天，各公司应抛弃成见，共同合作，以获得双赢的局面，互相取长补短，共同面对市场大潮的冲击。

卡莉认为一个管理者在运用人才方面首先要遵循的一个原则就是"信任并尊重个人"。她在任何情况下都坚信：只要给员工以适当的空间和主动的支持，他们愿意去努力工作，并一定会做得更好。卡莉吸纳那些能力卓越、个性迥异及富于创新的人才加入到公司员工的行列中，并完全承认他们对公司所作的一切努力和贡献。员工积极奉献，并能分享其通过努力所获得的一切成功。

卡莉强调，企业经营要公开、诚实、坦率，公司相信这样的态度和做法对于赢得客户的信任、尊重和忠诚至为重要。公司任何层级的员工，都应该坚持商业伦理的最高标准，不能有丝毫折扣。

例如，惠普公司力争在产品的设计、生产、原材料供应等方面采取措施，最大程度地保护环境。惠普公司开发了一套"面向环境"的产品设计方案，力求从设计上把公司产品和服务对环境的负面影响降到最小。在产品生产方面，公司制定了严格的系列环保标准，并向外公布，使得自己的产品生产符合企业内部标准，同时受到公众监督。为消除公司供应链上的企业对环境的负面影响，惠普公司还把供应商纳入自己的环保体系中，要求供应商采取有效的环境保护措施。惠普公司对环境高度负责的精神和行动，赢得了用户的普遍好感与广泛支持。

正是在信任和尊重每一位员工的基础上，卡莉带领着惠普的员工们努力打造了一个"新惠普"。也正是由于这种信任和尊重，在进行如此大的变革下，才能取得员工们的理解和支持。

在今天，企业管理者要激励员工工作士气，激发员工全力以赴的工作热情，必须把信任作为最好的管理投资。

只有能让员工信赖的企业才能赢得员工的忠诚，而信赖是双向互动的，作为企业的领头羊，领导者只有充分信任员工，并在具体工作中体现出自身的领导能力、工作能力以及人格魅力，才能获取员工的充分信任。

建立一套实用的知识管理体系

卡莉认为，搞生产的可以停下手中的生产线，而让工程师们取走某些部件进行创新测试。这在别人眼里看来不可理解，而在惠普，人们已经非常习惯和熟悉，在惠普公司里没有人去阻挡工程师们搞创新的道路。

在这样一个革新的环境里，奇怪的是仍然有许多人、许多小组在搞地下攻关活动。他们并不因为公司提倡和鼓励革新而组成正式的脱产革新小组，在上班时间大张旗鼓地干。而卡莉对地下攻关小组和能手也予以鼓励和表扬。

有一次，公司的工程技术人员为一个部门设计了一种产品。该设计拿到工厂后，因为太复杂、太笨拙而无法制造。一位生产人员看出了问题所在，他对卡莉说："我们可以完成这项生产任务，但是得改一下设计，而且我们要在下班后私下里搞。"结果，工人们果然在业余时间把产品制造出来了，而且是一种"很好的设计"。在卡莉的领导下，许多临时性的革新任务都是这样搞成的。卡莉以提倡革新而闻名，也因从事革新而获胜。

卡莉特别重视知识管理。卡莉曾经说过，"相信每个人都有把事情做好的愿望，只要你给他一个合适的舞台。"首席执行官就是要给员工一个舞台，让他们在这个舞台上积累知识，在这个舞台上迅速成长。为了正确实施知识管理，通过初步研究，卡莉发现，知识管理的内容可以分为四类：知识的收集、知识的整理、知识的存档、知识的分享。知识管理至少有以下三个明显的作用：一是提高组织智商，把公司所有员工的知识经验汇集到一起，加以整理，共同分享，这样才能提高一个组织的整体智力；二是减少重复劳动，重复的惟一结果是资源消费；三是避免组织失忆，员工的流失不会造成知识和经验的流失。

卡莉首先通过评比找出每个技术领域的知识大师，让他们专门深入研究这一领域的相关技术，再把他的知识通过讲授的形式传播给大家，这种形式让大家颇有收获。比如：一个电脑销售人员如果只知道向顾客说明产品的通用属性和配置情况，顾客并不一定购买，但惠普的知识大师们却知道自己的产品与同类产品相比，最突出的优势是什么。大家通过他们的讲授得到了这些知识，无疑对自己是有帮助的。评选出知识大师以后，所有销售人员外出使用的演示文稿，也都是由大师们统一修订的版本。

第14章
惠普公司

其次，卡莉还搞读书会。以前大家读书很少，所以很难解决管理中的许多现实问题，但每人都读又不现实，所以大家就分头读，再用10分钟给大家讲。只要3个人以上就可以成立兴趣小组，每个小组每月要写书评。书评要说明的是：你从这本书里学到了什么？给大家的启发是什么？写了书评的书，3个月后公司给予报销书费。此外，公司又单拿出几万美元买了一批书，并力争在公司阅览室里的每本书都有书评，大家一看就知道书上说的是什么，需不需要拿回去看，使大家在最短的时间内吸收更多的知识。

在卡莉制定的知识分享系统中，有惠普公司总结出的一些成功和失败的案例以及典型应用，供惠普的员工在发展客户时借鉴和作为向客户展示的范例；在惠普公司的内部自学的网页上，有很多自学的素材，还配备有自我检查的考试题，可以让惠普的员工检查自己关心的内容已经掌握到什么样的水平；此外，惠普还有一整套的培训体系，通过这种知识的收集、整理和传播，惠普开发出了各种各样的课程，就像"惠普之道"一样：最早的时候是综合了惠普100个最优秀高层经理的管理智慧开发出来的，然后一层一层地往下传播，让每一位员工都知道一个好的管理者应当怎么样去做。

在卡莉的领导的变革体系下，惠普公司不但以卓越的业绩跨入全球百家大公司的行列，更以对人的重视、尊重与信任的企业精神闻名于世。

一个领导能够带来最大的品质就是有愿望、有能力释放别人的潜力。领导力最终是帮助其他人实现他们认为实现不了的东西，帮助别人看到自身的潜力。领导能力存在于大的行动和小的行动之中，领导能力不仅是CEO才有，普通人也有这样的能力，只要普通人相信别人也有潜力可以发挥。不管你们做什么，必须相信自己有这样的力量，并且献身于为你们已经准备好的事业当中，献身于发挥别人的潜力，同时相信自己有很大的潜力，以便使目前的时代成为人类历史上最让人兴奋的时代。

第 15 章

宝洁公司

普洛斯特于 1837 年创建宝洁公司。宝洁公司是一家美国消费日用品生产商，也是目前全球最大的日用品公司之一。总部位于美国俄亥俄州辛辛那提。2008 年，宝洁公司是世界上市值第 6 大公司，世界上利润第 14 大公司。它同时是《财富》500 强中第 10 大最受赞誉的公司。

2003—2004 财政年度，宝洁公司全年销售额为 514 亿美元。在《财富》杂志当年评选出的全球 500 家最大工业、服务业企业中，排名第 86 位。宝洁公司全球雇员近 10 万，在全球 80 多个国家设有工厂及分公司，所经营的 300 多个品牌的产品畅销 160 多个国家和地区，其中包括织物及家居护理、美发美容、婴儿及家庭护理、健康护理、食品及饮料等。

将复杂管理简单化

简单管理是能简单的时候就不要复杂，复杂不能证明你能力的高深，反而会衬托你的平庸和无能。本来一句话能表达清楚的问题，何必说十句呢？况且另外九句话只能让人感到疲倦和厌恶。

有些管理者偏偏喜欢长篇大论，你想谁会有时间去阅读一大堆记不住的、乏味的计划书呢？计划应压缩成只有一页纸长短的、有力的、实用的文字说明。如果能够把计划中的要素清晰地定义出来，那么，即使最复杂的战略也可以用一页纸的篇幅完整地表达出来。

总之，企业管理不必太复杂化，使事情保持简单是企业发展的要旨之一。把复杂的问题简化成简单的问题加以解决，是管理者的明智之举。

韦尔奇强调管理不需要太复杂，因为经营活动实际上相当简单，他希望他的业务主管们要使一切保持简单状态。

宝洁公司的制度就具有人员精简、结构简单的特点，并且该制度与其雷厉风行的行政风格相吻合。

管理者制定了"深刻明了的人事规则",它得到顺利的推行并获得了良好的评价。而最能体现这种简洁明了的效率就集中体现在该公司"一页备忘录"原则上。所谓"一页备忘录"是指尽量精简公司所有的报告文件,以尽可能简练的语言来描述公司的现状和未来的发展趋势。其内容会随着具体情况的变动而增加或减少。这一风格可以追溯到该公司的前任管理者理查德·德普雷。

理查德·德普雷强烈地厌恶任何将简单问题复杂化的做法,所以,他十分反感助理给他的那些超过一页的备忘录。如果遇到一份冗长而又繁琐的备忘录,他通常都要退回去,并且还要在上面加上一句话——"把它简化成我所需要的东西。"如果备忘录过于复杂,也会使他生气,他会在上面加上这样的话——"我不理解复杂的问题,我只理解简单明了的东西!"他认为,管理者要做的任务很多,但是其中很重要的一条:就是要把繁琐变为明了,就是把复杂变为简单。只有这样,管理者的思维才能清晰,效率才能提高。提高了自己的工作效率才能更好地指导下属着手后面的工作。

随着管理信息系统的运用及普及,预测模型和普通的非技术性员工之间的较量开始增加,而且有明显影响,导致在解决问题过程中,增添了许多不必要的麻烦,进一步地增加了不稳定性以及不和谐因素。而作为企业管理者,像上文提出的那样,用一页备忘录,可以解决很多的问题。当然,这只是一个例子。首先它的好处显而易见,简单明了的核心问题,使管理者更能分清主次,那么审核并且解决的效率将大大提高。其次,建议条目按序展开,简洁、易懂。总之,管理的简单操作化使企业的管理远离了模糊和凌乱,并因简洁明了的积极作风为公司带来了令人欣慰的高效率。

有首歌这样唱过:不是我不明白,只是这个世界变化快。很多的企业在面对庞大的企业事务时,不禁也要发出这样的感慨,究竟是我自己能力不够了，还是我的事情太多了。其实是我们常常被自己的习惯性思维所禁锢，从而把简单的事情弄复杂了。这正是每个管理者亟待思考和解决的问题。理性的企业家，在面对这样的困惑时，就要考虑改变自己的思维方式，找出复杂和简单之间的两点，然后直接画一条直线，由简单到复杂，理清了思绪，才能轻装上路。杰克·韦尔奇说："作为管理者必须具有表达清楚准确的自信，确信组织中的每一个人都能理解事业的目标。然而做到组织简化绝非易事，人们往往害怕简化，他们往往会担心，一旦他们处事简化，会被认为是头脑简单。事实恰恰相反，惟有头脑清醒、意志坚定的人才是最简化的。"

当管理者真正找到简单的方法时，就再也不会为自己企业的发展壮大而感到迷茫，不会因为机构组织越来越庞大，人员结构越来越臃肿而发愁，不会因为每天要处理成百上千的事务而身心疲惫，不会因为管理方式越来越复杂，效率却低下而困惑了。

简单管理说起来很简单，其实要达到真正切实可行的地步，是需要一定的方法的。简单管理在形式上追求简单，但在内涵上则要求深刻、丰富。简单不是盲目的减少，而是要求对事物的本质有着深刻的感知，同时也要掌握企业运作行进的规律。当然，它也不是要舍弃什么过程和步骤，它需要管理者有着良好的理解能力和把握能力，全面总结，认真分析，仔细体会，决然执行，深刻总结。如此，简单才会出效率，管理才能简约、高效。

高明管理者的下属不需要管理

杜拉克认为："我们有太多的管理意在使人无法工作。"长期以来，传统的认识认为，在企业中，管理者的职责是监视、监控，管理者只要监督下属的工作就行了。整个公司管理层只是到处举办高层会议，以确保企业和其他基层的工作运行正常，不出问题。结果，高级经理们沉溺于文件、报告、会议中，不给基层管理者作决策、展示才能的机会，渐渐失去了与下级沟通的机会。这就是那些管理者所做的一切，而且他们还认为这就是他们的工作。事实上，一个聪明的高层管理者，是不用如此管理的。宝洁公司的事例就是最好的证明。

在宝洁公司，当时他们提倡的是"办公室景观"的新观念，所有的办公室都是开放的，只是用盆景、可移动的壁板、书架、柜子之类的东西隔开。一家商业杂志社想对这个新观念加以报道，于是派人采访了总经理史旺生。

史旺生带着杂志社的编辑参观过新的办公室，这位编辑看到了美丽的办公空间和漂亮的员工休息间后问道："你们对员工喝咖啡的时间和休息的时间有何规定？"

"我们惟一的规定就是，不能在工作地点吃东西或喝饮料，因为我们不敢冒险弄脏这些整片的地毯，也怕会搞坏其他装潢。至于我们的员工，他们随时都可以到休息室舒展筋骨，也没有人为的规定喝咖啡时间。"总经理微笑着回答。

"完全没有规定？"编辑惊讶地问，"那你们如何防止滥用权力？员工岂不是想偷懒就偷懒？"

"我们不用防止权力滥用，也不怕员工偷懒，这些问题员工自行防止。"史旺生说，"舆论和与生俱来的自尊就足以使每位员工都努力维护自己良好的形象。"看到记者迷惑的眼神，他接着说道："当我们准备进行办公室美化时，一位心理学顾问建议我们实行这种政策，结果真的有效。你已经看到了，休息室像其他办公室一样，包括主管人员的办公室——全都是开放的空间——所有经过的人可以清清楚楚看到里面的一切。当每个员工都知道：自己离开工作的地方别人都看得很清楚，而且每个经过休息室的人都能看见他们在抽烟、聊天、吃东西时，他们当然就不会再滥用权力了。"最后，史旺生开了句玩笑道："让公众注意一个人的行动是最好的管理方法，而公司不必为此付薪水。"

史旺生的话实际就是杜拉克的观点：管理者不要去监督员工，每个人都会在各种各样的原因下自己管理自己。好多管理者过于迷信制度的作用，经常把制度提升到管理的核心位置。可是，管理者依然困惑：为什么制度很难执行？明明是大家应该做的东西，而这样对他们只有好处没有坏处，他们为什么不愿接受？

人的本性证明：不论是什么样的东西，凡是"强加"的就会遇到本能的抵抗。管理者不必把公司里所谓的精英者的地位放得高高的。在以前的管理中"精英者与员工的工作关系是管理与被管理"的观念必须改变。要记住，人是不喜欢被其他人管理的。

在1976年，雷夫寇提出了"关掉噪声"的实验报告。实验中，一些被研究的人员在进行解谜和校稿工作，周围不时制造出非常嘈杂的噪音。被研究的人员分成两组，第一组仅被要求要尽力完成工作，第二组则增设了一个可以关掉噪声的按钮。结果有按钮的第二组表现较佳，解谜是第一组的五倍，校稿的错误率也相对较低。但令人感到意外的是，第二组并没有使用可关掉噪音的按钮。由此可见，只要让人们知道能自行调控，就可产生极大的差异。这一观念所体现的精髓便是"自我管理小组"。

自我管理小组没有安排任何直属主管，成员都是先接受培训以便承担工作挑战。只要赋予小组所需的资讯与任务，让他们自行安排每日的工作内容，自行设定目标，对质量管理、采购出勤和成员行为负责。并且让每一名成员都了解该小组职责范围内所有的工作内容，自我管理小组成功地实现了"放弃对员工的控制以便控制他们"的观念。如果实行得当的话，这种小组往往可产生很高的生产力。

宝洁公司实行"自我管理小组"已有40年的历史。20世纪60年代初，宝洁公司的管理者们开始接触自我管理小组的观念，当时，他们就认定这是主要的竞争优势，并把这项方法视为商业秘密！

人可以在不得已的情况下被强制，但是却永远不愿接受强制管理，甚至是作为他人意志的体现而强加于自己。这是人的本性，你不可以违背人的本性，否则，便会带来不必要的麻烦。人只能服从自己的意愿，只能自我管理。当企业的员工自己管理自己时，他们会去做企业希望他们做的事，而不是由任何管理者强迫他们去做。

员工不是资源，而是资源的掌握者，所以管理者不可以像使用任何资源一样使用员工、管理员工、控制员工。如果管理者有这样的观念，就肯定会受到来自员工阶层的各种形式的抵触，尤其是当员工是公司里的最有"价值"的知识员工时，这种情况尤为严重，因为知识员工的自主性最强，他们绝对不会被动地接受强制管理。

随着管理新时代的到来，管理意味着是帮助而不是控制，是变复杂化为简单化。管理者不能再终日忙于计划、组织、指挥和控制。管理者必须通过培养积极的工作关系以加强员工的自尊；必须运用适当的人际关系技巧来激励员工；必须建立起一种关系，使集体的效率远大于简单的个体相加。管理者还要对员工进行必要的培训，让每位员工都能发挥自己的才能，以促使员工提高工作业绩；同时，管理者还必须创造良好的工作环境，为员工提供发展平台。另外，管理者还要对有贡献的员工给予必要的奖励。

现代管理不是要削减公司的管理层次和管理规模，更不是要减少"管理者"，而是"管理"观念从根本上的变革，使"管理者"变成以人为本，引导员工实现自我控制、自我管理的新型"管理者"，在公司形成一个宽松的工作环境，高效的工作效率。这种观念上的变革，其意义远远大于简单的精简管理层次。

管理者不是被雇用来做员工的主人的，每一个人都是自己的主人，管理者的职责应该是引导员工成为自己的主人。每个人都会有某种强烈的需求,并希望能够控制自己的未来,哪怕仅仅一部分,这一点就是人的自主性。员工只要相对能控制自己的生活,就会觉得心情舒畅,也就会更具有生产力。

● 第 16 章 ●

菲亚特公司

菲亚特公司是世界十大汽车公司之一，始建于1899年7月，总部设在意大利的都灵市，创始人是乔瓦尼·阿涅利。它是世界上第一个生产微型车的汽车生产厂家。公司全称是意大利都灵汽车制造厂，菲亚特是该公司缩写的译音。汽车部雇员27万左右，在100多个国家有子公司和销售机构。其轿车部门主要有菲亚特、法拉利、阿尔法和兰旗亚公司，工程车辆公司有伊维柯公司。

菲亚特汽车公司是菲亚特旗下最大的经营公司，1978年，菲亚特汽车公司从集团业务中独立，主营轿车和轻型商用车。2000年共生产汽车243.9万辆，营业收入达250多亿欧元，占集团总收入的45.5%。该公司拥有菲亚特、蓝旗亚和阿尔法三大轿车品牌，商用车品牌有菲亚特。对产品内涵、风格和工业改良等方面的革新是公司发展的核心战略。同时，菲亚特也积极致力于发展潜在的、具有最大需求的新兴市场，公司的全球化业务主要基于生产家庭型"世界轿车"：菲亚特派力奥、菲亚特西耶那、菲亚特派力奥周末款和一款皮卡。

执行"精简高效"，不容拖沓

有一天，梭鱼把泥鳅逼到无处可逃的角落里，捉住了它。

泥鳅一见大事不好，就说："您呀，亲爱的大娘，忏悔了没有？"

"没有。"

"那么，我先替您忏悔，然后您再吃我好了。"

梭鱼问："你预备在哪儿给我忏悔呢？"

"那边有座教堂。"

梭鱼信了泥鳅的话，两个一起上教堂。

可是泥鳅把梭鱼领到鱼笼前，说："你随我进来。"

它们钻进了鱼笼，梭鱼长得大，没法后退。可是对泥鳅来说呢，这个鱼笼里真像有十七扇门，它飞快地钻了出去，还绕着鱼笼游了一圈，对梭鱼说："在那儿呆着吧，虔诚的女信徒，等渔人神父买吧！"

泥鳅面对梭鱼的威胁，敢于行动，引领梭鱼进入鱼笼，自己乘机逃脱，这是它最好的逃险方法，也是它真正的"精简高效"。梭鱼再气怒也无济于事。

在企业管理中，管理人多学学泥鳅的方法，企业要避免危机，要逃脱危险，就应该"精简高效"，而且一定要在行动上下狠斧。

（1）动手要果断快速，决不能拖拉，拖拉就会失去效益，也就失去了抢救的时间。

（2）减裁员工臃肿是一种方法，但一定要下狠斧，有时应做到无情。人之间的情感是原则问题的绊脚石，企业管理者一定要把绊脚石踢开。

（3）对生产线的改造也要下狠斧，要引进先进的技术，不能抱残守缺，永不放弃。

（4）制定一系列的完善的代理方式，以利于新产品上市的快速运转流通。

1899 年，乔瓦尼·阿涅利与他人联手创办了一家汽车公司。1906 年，阿涅利将公司定名为意大利都灵汽车制造厂，后来改制为股份公司。F.I.A.T（中文音译——菲亚特），既是公司名称的缩写，又是产品的商标名称。

1949 年，阿涅利的孙子贾尼·阿涅利被指定为菲亚特公司副董事长，1966 年，他被正式推举为菲亚特公司的董事长。在阿涅利的领导下，菲亚特公司发展迅速，旗下的菲亚特汽车公司成为意大利最大的汽车制造企业，也是世界最大的汽车公司之一。

但是，在 20 世纪 70 年代前期的 10 年间，国际汽车市场疲软，在意大利本国工资升高、物价上涨的情况冲击下，再加上公司内部出现了管理问题，菲亚特汽车公司经历了历史上最不堪回首的日子。公司连年亏损，在世界汽车生产商的排名榜接连下跌。此时，菲亚特集团的决策层中有不少人力主甩掉汽车公司这个沉重的大包袱。消息传出后，菲亚特汽车公司上下一片恐慌，都不知哪一天公司就会被卖掉或是解散。

1979年，阿涅利任命47岁的维托雷·吉德拉出任菲亚特汽车公司总经理。

吉德拉能给员工们的心神不定带来什么呢？

吉德拉看起来没有什么办法。他总是带着微笑与大家在一起交谈、访问。他询问的问题倒是不少。

不久，吉德拉的小本已经记满了最后一页。一天，他合上笔记本，召开了公司管理人员会议。"诸位，近年来我们公司每况愈下，似乎要从欧洲汽车生产商的序列中消失了！对此，我作为一名老菲亚特人，深感痛心！今天，请大家思考，菲亚特的问题在哪里？"

一片沉默。

吉德拉随即宣布："散会。"

众人神情严肃地离开会议室。

看着大家的背影，吉德拉满意地笑了。看来，他的计划已成功了一半：他相信今天的会议已经调动起了大家的情绪，首先是高层管理人员的斗志，别看大家默不作声，心里都已经开动脑筋了。这样，才能为下一步的计划铺平道路。

几天后，吉德拉又召开了公司管理人员第二次全体会议。这一次，他没有马上宣布散会，而是举起了他的"三板斧"："我们要大幅度地进行机构调整，大家要有足够的心理准备和承受能力。"吉德拉严肃地说，"菲亚特汽车公司机构重叠，效率低下，是导致企业缺乏活力的重要原因……"

吉德拉动手果断。很快，他关闭了国内的几家汽车分厂，淘汰冗员。职工总数一下子减少了1/3，由15万人降至10万人。这次机构改革的另一个重点是对菲亚特汽车公司的海外分支机构的调整。这些海外机构数量众多，但绝大部分效率低下，所需费用却很庞大，经常是入不敷出，成为公司的沉重包袱。吉德拉毫不犹豫地撤掉了一些海外机构。他停止在北美销售汽车，还砍掉了设在南非的分厂和设在南美的大多数经营机构。

吉德拉的"精简高效"遇到了强大的阻力。菲亚特汽车公司的员工人数在意大利首屈一指，被称为"解决就业的典范"，这次裁减人员的数量如此巨大，自然引起各方议论。但吉德拉丝毫不为所动，坚定地完成了计划。

吉德拉的"第二斧"是对生产线的改造。吉德拉通过在工厂的实地调查，认为公司技术落后、生产效率低下是造成它陷入困境的重要原因之一。吉德拉大量采用新工艺、新技术，利用计算机和机器人来设计和制造汽车。正是根据计算机的分析，使汽车的部件设计和性能得到充分改进，使其更为科学和合理化，劳动效率也随之提高。

新工艺、新技术的采用带来的另一个结果是公司的汽车品种和型号大大增加，更新换代的速度大大加快，这就增强了菲亚特汽车的市场竞争能力。

吉德拉的"第三斧"是对汽车销售代理制的改革。过去菲亚特汽车的经销商不需垫付任何资金，而且在销售出汽车后，也不及时将货款返回菲亚特，而是占压挪作他用。这使得菲亚特的资金周转速度缓慢，加重了公司的困难。

吉德拉对此作出了一项新的规定：凡经销菲亚特汽车，必须在出售汽车前就支付汽车货款，否则不予供货。此举引起了汽车经销商的强烈反对，但吉德拉始终坚持己见。结果有1/3的菲亚特汽车经销商被淘汰出局，其余的都接受了这一新规定。这大大提高了菲亚特汽车公司的资金回笼速度，减轻了公司的财政困难。

在吉德拉的主持下，菲亚特汽车公司通过一系列改革，成效显著，重新焕发了活力。

管理者精简机构，可以激发人们对工作的紧迫感，提高工效。因为："人才常常是在工作多而人员少的地方冒出来的。每个人只有把自己的工作担子加重，干着超过自己能力的工作，才能在经受困难的折磨后造就人才。"

组织机构对于企业来说，就是身材和衣服的关系，身材瘦小，却穿了一件肥硕的衣服，怎么看怎么别扭，而且还影响行动。因此企业需要对机构进行撤销归并，组织并组建适合企业发展的健康的组织机构，适当地精简结构，划分好企业各个阶层的职责，再据此配备职员，挑选胜任的员工，以提高组织机构效率。

第 17 章

施乐公司

对众多美国人来说，施乐是一个神话，而且是一个延续了70年的神话。施乐公司的崛起凭借的是20世纪最伟大的发明之一——静电复印技术，也被叫做施乐技术。这项技术的发明人名叫切斯特·卡尔森。

近十几年来，施乐公司大力进行业务改组，成功地将自己从一个以黑白模拟复印机为主要产品的公司转型成为一个数字化、彩色和文件解决方案的供应商。施乐公司在文件的制作和管理方面的专长无人能出其右：彩色和黑白文件、纸张和数字文件、网络文件，供小型办公室、家庭办公室或者跨国企业使用的文件等。施乐公司及其业务伙伴——日本的富士施乐株式会社，提供了全行业最齐全的文件处理产品和服务：复印机、打印机、传真机、扫描仪、桌面软件、数码打印和出版系统、消耗材料，以及从现场文件生产到系统集成的一系列文件管理服务。

不能生搬硬套地执行

托马斯和伯恩在他们的《执行力》一书中所叙述的施乐公司因缺乏执行力而使得公司陷入困境的故事，深刻地体现了执行力的威力。

在历史上，施乐公司几乎是复印机的同义词，但这家历史悠久的老牌企业曾差点被日本复印机制造商淘汰，因为后者推出的复印机的销售价格仅相当于施乐公司的生产成本。然而，施乐公司通过降低成本、重新关注施乐公司的顾客群和采取提高产品质量等手段迅速恢复了生机。后来，施乐公司在开发新型数字成像技术的竞争中落后于惠普公司与柯达公司，陷入了困境。但经过努力，施乐公司又一次摆脱了困境。在世纪之交，施乐又遇到麻烦了，收入增长停滞不前，利润一路下滑，其股票价格一度从63美元下跌到7美元。"世界头号复印机生产企业濒临破产"的传言四起。

为了摆脱困境，施乐公司提出了一个重组方案，即大幅度削减生产开支，减少日常管理费用，同时缩减在发展中市场的业务规模。除销售人员外，施乐公司停止雇用新的员工。

此外，施乐公司还积极出售部分资产，以缓解现金不足的困难，其中包括一些公司的核心资产。尽管如此，这些措施仍无法使得施乐彻底摆脱所面临的困境。施乐公司决心采取一项根本性的措施，那就是仿效郭士纳在20世纪90年代初对IBM的改造。为了获得郭士纳的魔法，施乐公司在1997年聘请了曾经长期追随郭士纳的里克·托曼出任公司的首席营运官。1999年4月，托曼升任首席执行官并且开始实施一项大规模的重组计划，目的是将施乐公司彻底改造成一家像IBM的企业，出售"解决方案"——软件、咨询及文件的制作和储存，而不仅仅是生产和销售利润日趋降低的复印机。

尽管这是一个诱人的战略改变，但施乐公司需要的不仅仅是这些，它更需要的是如何具体实施与执行，也就是说施乐公司应如何将战略、人力与企业运作协调和整合起来。在托曼的重组中，推销员被调离了有利可图的地区并被放在了集中关注工业企业的推销小组中。他们失去了与顾客的联系，相应地这些推销小组为企业所提出的建议显得不到位。施乐公司还试图将36个开票中心合并为3个以便降低经营成本，这一做法使得施乐公司的推销员几乎要花费一半的时间来核对顾客的订单，以便确认这些订单已经开出了发票并且按时交货。此外，在市场需求十分旺盛的时候，托曼却下令大幅降低许多产品的价格，这使公司的情况变得更糟，因为这样做虽然增加了营业收入，但同时也导致了利润的下降。总之，这些执行措施使得整个施乐公司士气极度低落。面对竞争对手毫不留情的进攻，施乐公司继续滑坡。

在这种情形下，施乐公司不得不解雇托曼，重新启用阿莱尔（施乐公司董事长，既是托曼的前任又是他的继任者）。毕生在施乐公司工作的阿莱尔是从该公司的赊销部门逐渐提升到公司顶层的，在他的感召下，公司的经理们表现出了强烈的忠诚。但事实上他并不是一位特别有执行力的管理者，而且与托曼一样，他缺乏实际经营经验，而良好的人际关系并不能成为他最有力的优势。其结果是公司的颓势并未受到制止。施乐公司继续丢失市场份额，同时开账单的问题也没有得到很好的解决，而呆坏账却一直在急剧增加。结果是不仅阿莱尔受到批评，其他高级经理的执行能力也受到质疑。这种在执行力方面表现出来的软弱现象一直延伸到施乐公司的董事会。董事会里充斥着大量的政界要人或者在彼此公司中担任董事的人。施乐公司缺少的是懂得如何在一个混乱的技术变革时代对一家企业进行改造的管理人才。

许多面临困境的企业都会像施乐那样，先找一个听起来很有名的"能人"，然后拷贝一套已在其他公司或在理论上行之有效的经营理念和战略，并希冀由此而带领公司走出困境。然而，期望的结果往往难以实现。因为在此过程中，经常会因管理者的执行力不足而导致重组失败。可以说，如果没有足够的执行力，最好的战略、员工或者管理工具都难以发挥应有的作用。对于此时的施乐公司来说，真正需要的是上下达成执行力。而要做到这一点，管理者就必须亲自参与到企业中，并落实决策于企业的具体行动中。

一个公司的效率不在于它的大楼，也不在于它的人员，更不在于它的会议，而在于它的贯彻力度，也就是韦尔奇所说的执行力。

执行力的重点在于执行，也就是行动起来。无论你年纪多大，命运怎样，生活如何，立即行动，做自己喜欢做的事，实现目标，永远都为时不晚。

以工作业绩作为提拔员工的标准

恰当、有效的激励机制，是提高员工积极性、促进企业工作效率提高的手段之一。给员工以晋升的机会，就是其中一个不可或缺的激励因素。它带给员工的不仅仅是一份更得体的薪水和一张更宽阔的办公桌。它同时还表明了一种认可、一种身份、一种荣誉和尊敬，它为员工带来的是满足与责任。因此提升在任何时候都具有强大的激励力和凝聚力。它使人自信，主动追求卓越；使人充分发挥潜在的能力，处于持续不断的发展过程中。

但若按资历提拔不但不能鼓励员工争创佳绩，反而会养成他们坐等观望的态度。这会降低晋升的激励作用，甚至产生负面效应，打击员工的工作士气。最好的方法是"通过衡量员工的业绩去任用"。事实表明，用员工的个人成就决定员工的提拔升迁，将会更有效地激励员工，培养员工向优秀员工看齐的企业精神。

"业绩决定晋升"，固然会给员工带来一定的工作压力，但重要的是主动权把握在员工的手中。拥有了晋升主动权的员工可以直观地看到自己努力与进步的轨道，让他们深切感受到赢得胜利的悸动。这一切均可产生强大的激励力，促使员工更加努力地工作，使劳动生产率达到最大化。

在美国施乐公司，为了促使员工努力工作，管理者在"提升员工"上狠下功夫。他们首先根据员工为公司创造利润的多少，将员工分为三类：工作模范、能胜任工作和需要督促工作的员工。员工要想被提升到公司最高层的领导岗位上，首先必须让自己的业绩达到工作典范的标准。而要想成为较低层次上的管理者，最起码要达到能胜任工作的底线。至于需要别人督促工作的那一类员工，则根本得不到提升的机会。施乐公司通过这种机制让每个员工明白：只要你能不断创造更好的业绩，永远将有更高的职位等着你。反之亦然。

比尔·卡特就是"业绩决定晋升"的受益者。初进施乐公司时，他只是一名普通的推销人员，但他工作积极勤奋并善于思考。为了推销更多的产品，他让妻子在他的车里放上一大罐柠檬汁和一些面包，这样他可以一天不停地在外面奔跑销售，而不必回家吃饭。卡特有自己的推销策略。他认为，裤子右口袋处常有磨损的推销人员绝不可能取得成功。因为这说明他在同客户握手之前，总要在裤子上将手中的汗擦掉，这是缺乏自信的表现。而推销人员要想成功必须具备自信。

卡特靠自己超人的智慧和吃苦耐劳的精神，为公司销售了大量的产品，销售业绩一度高居公司榜首。为了鼓励卡特再接再厉，获得更好的成绩，公司将他提拔为销售部经理。迅速的提升，使卡特对工作充满了更大的热情和干劲。即使在街道上散步，他也会观察两旁的建筑群，思考如何使每一幢建筑里的公司，都成为施乐复印机的用户。于是他一再被提拔，最终被提升为负责全国销售业务的经理。事实还证明，"以业绩决定晋升"，也是留住优秀员工，让人才为公司效力的最大原动力。

因为人才在工作中不只满足于工作本身，更强调自我的体现。这个道理虽然简单明了，可是许多管理者往往做不到。重要的是他们常跟着感觉走，被表面的现象欺骗，以致失去了判断力。在很多时候，他们提升一个人，是因为这个人与自己投脾气。

若管理者是快刀斩乱麻的人，他就愿意提升那些干脆利落的员工，若管理者是个十分稳当、凡事慢三拍的人，就乐意提升性格优柔寡断、小心谨慎的员工，管理者若爱出风头、讲排场，就不喜欢那些踏实做事的人。这是晋升的一个误区。另外，在现实工作中常存在着这样一种现象：管理者在刚开始的时候，会给予他喜欢的人才一定的发展空间。

一段时间过后，被雇用的人才掌握了大量的工作经验，轻而易举地就能把工作做好。这时，他的工作能力与现有的位置已极不相称，晋升是解决这个问题的有效手段，通过晋升可以把人才的创造力长久地保持。可惜的是，很多管理者常常忽视了这一现象的存在。结果人才因能力被束缚而备受压抑，工作热情逐渐降低，失去了原有的生气和活力。

弗兰克是一家跨国集团的副总裁。在一次到加州分公司视察时，弗兰克发现那里的销售经理科尔曼是个难得的人才，立即将他调到总部，担任总部销售科经理助理。弗兰克知道，以科尔曼的才华来讲，这个位置有点大材小用。他打算让科尔曼先熟悉一下总部的销售工作，然后再另行安排工作。没想到一个月后，弗兰克被调任到某亚洲大国的分部，全权负责那里的工作。弗兰克在那里一干就是五年。五年后，弗兰克再次回到总部。他记起自己一度赏识的科尔曼，心想："他现在应该成为某分公司的负责人了吧？"

但一切出乎预料。站在弗兰克面前的科尔曼，已不再是充满激情和活力的年轻人，他变得愤世嫉俗，固执，目中空洞无物。弗兰克难过极了，怎么会这样呢？原来，科尔曼到总部后，很快就展示出他过人的才华，把经理助理的工作干得近乎完美，后来甚至全盘接管了经理的工作。他的上级深感离不开他，丝毫没有让他调走的想法。科尔曼只好停留在经理助理的位置上，多次晋升的机会与他擦肩而过。最初科尔曼没有什么想法，但随着时间的推移，科尔曼对前途失去了信心，对工作也不再认真对待。

从某种程度上讲，如果企业不能为员工提供足够的升迁机会，多半是因为企业整体或某些部门停滞不前的缘故。这时企业必须下定决心采取行动，设计一定的级别和头衔并创造出足够的层次，或者采用"优胜劣汰"等方法腾出位子，以便能让有能力的员工一次又一次地提升。

微软内部晋升的竞争激烈而迅速，每隔几个月就重新组合一次。不断重组的结果就是微软始终存在晋升机会。因为在重组中，不断有绩效不佳的人被调离，留出空缺。只不过晋升的机会并非给予等它十年的人，而只给予业绩最高的人。

业绩管理是管理者必备的管理能力，业绩考核有助于管理者进行系统性的思考，如工作职责、工作目标、如何评价、如何激励员工发展等一系列内容。管理者做业绩考核时，一定要从全面出发，做到公平、公正。

第 18 章

英特尔公司

英特尔公司总部位于美国加利福尼亚州圣克拉拉。英特尔的创始人是 Robert Noyce 和 Gordon Moore。

英特尔公司是在随着个人电脑普及而成为世界上最大设计和生产半导体的科技巨擘。英特尔公司是全球最大的半导体芯片制造商,它成立于 1968 年,具有 50 年产品创新和市场领导的历史。1971 年,英特尔推出了全球第一个微处理器。微处理器所带来的计算机和互联网革命,改变了整个世界。

2002 年,英特尔被美国《财富》周刊评选为全球十大"最受推崇的公司"之一,名列第九。2002 年年底,美国《财富》杂志根据各公司在 2002 年度业务的表现、员工水平、管理质量、公司投资价值等六大准则排出了"2002 年度最佳公司"。在这一排行榜上,英特尔公司荣登全球榜首。同时,在"2002 全球最佳雇主"排行榜上,英特尔公司名列第 28 位。

只有"偏执狂"才能成就大事

雅典帕德农神庙的雕像是雕刻大师菲迪亚斯完成的。但是当年,财务主管大人借口不愿为雕像的背面买单,菲迪亚斯掷地有声:"你错了,你看不见,上帝看得见。你一分都不能少。"

多年过去了,这雕像还那么骄傲地屹立在神庙屋顶上,闪耀着艺术的光辉。正是菲迪亚斯这份敬业精神,造就了这无可否认的杰作。这故事震撼了彼得·杜拉克,他说:"就算只有上帝看得见,我也得做好。"

杜拉克是大师中的大师,是企业管理者的至圣先知。管理如不能从老先生那拿到根据,那是上不了层次的。在他心中有两个楷模:一个是寂寞了 40 多年的几何学家富勒,一个是坐了 25 年冷板凳的麦克鲁汉,他们最后都成功了。如果没有当初的从一而终,即没有后来的成功。杜拉克看自己就是一个"偏执狂",在他自己看来,他最好的一本书总是"下一本",

第 18 章
英特尔公司

这不是他的自我推销，这是他对自己的期许。正是因为他对管理学的狂热与执着，才有了今天的成就，才被称为现代管理之父。

"只有偏执狂才能成就大事。"杜拉克也说过这句话。他认为，如果没有单一的使命、专注的精神，注定是一事无成的。曾经的英特尔总裁格鲁夫无疑是这样的人。

1968 年，摩尔和诺伊斯决定自行创业，创办英特尔公司。格鲁夫因为担任仙童公司实验室副总监时的表现出色，深具潜力，所以被摩尔看重，大力举荐他进入英特尔担任研发部门的总监。1976 年，格鲁夫成为英特尔公司首席执行官。1979 年，格鲁夫发动了一场一年内从摩托罗拉手中抢到 2000 家新客户的商战，结果以超额 500 家的战绩实现了这一目标，而且其中一家是 IBM。

1982 年，IBM 准备进入个人电脑业，英特尔曾为它提供 8088 芯片，但直到 1985 年个人计算机的发货量仍然很小。英特尔还是把自己定位为一个存储器公司。企业总会存在竞争，这时日本的存储器厂家登台了。由于日本这家公司的存储器价位低而质量高，陷入价格战的英特尔公司很快就面临被挤出自己一手开发的市场的危险。公司连续 6 个季度出现亏损，英特尔管理层在是否放弃存储器业务上产生了分歧。结果越是迟疑不决，英特尔的经济损失就越大。

英特尔已经在漫无目的的徘徊中度过了一年。一天，格鲁夫与董事长摩尔讨论公司如何走出困境时，格鲁夫问摩尔："如果我们下了台，新总裁上任后，你认为他的第一项决定是什么？"摩尔犹豫了一下，答道："放弃存储器业务。"格鲁夫望着摩尔，说："那我们为什么自己不放弃？不如走出这扇门，然后自己动手！"

当时，英特尔在所有人的心目中就等于存储器。如果放弃了存储器业务，英特尔还称得上是一家公司吗？格鲁夫说做就做，他顶住层层压力，坚决地放弃了存储器业务，而把新的生产重点放在了微处理器方面。放弃

· 171 ·

了存储器业务，英特尔也就不再是存储器公司。他们意识到微处理器是计算机一切工作的核心所在，于是改称"微型计算机公司"。到了1992年，英特尔因为微处理器的巨大成功而成为世界上最大的半导体企业，甚至超过了当年曾在存储器业务上打败它的日本公司。

1996年，在价值5亿美元的有缺陷的英特尔奔腾芯片必须被召回并更换的灾难性事件后，格鲁夫写了一部名为《只有偏执狂才能生存》的书。书中说："我常笃信'只有偏执狂才能生存'这句格言。只要涉及企业管理，我就相信偏执万岁。"不错，历数所有的成功者，他们绝大多数都是偏执狂。

管理中的事务往往太多太杂，所以常常容易失控。好多人就算专心致志地做一件事，也未见真能做到最好，所以说，如果有效性有什么秘诀的话，那就是"专注"。

一位有效管理者，一定专一于当前的某一任务，而绝对不会轻易承诺其他任务。因为"专注焦点"是一份执着，也是一份勇气，是敢于决定真正该做与真正先做的工作，以运用时间及掌握情势的勇气。只有这样，"专注焦点"才能成为管理者自己的主宰。

一位有效管理者，至少会在他心中列一份优先表，哪件事最重要他就会专注地去完成，绝对不会转做其他的事。如果不能专注地做一件事，或许会人人皆大欢喜，然而其最终结果，一定是一事无成。

"偏执狂"实际就是一种执着的精神，永不放弃的精神。格罗夫所称的"偏执狂"也不是一种临床状态，那是一种警觉的状态，其意在说商业总要为意料之外的变化做好准备。在变化的时代，变化的市场，变化的企业之中，格鲁夫的放弃只是战略的转移，而不是企业的放弃，他的放弃正是为了不放弃。局部地放弃只是为了更好的发展，为了在企业界依旧拥有一席之地，并没有从根本上放弃企业的目标。

管理者的执着只是一种永不言败的精神，是针对企业整体的生存发展而言，并不意味着对某一方面的抱残守缺。所以，在必要的时候，一定要有创新。现在的企业中，几乎每一个企业都有自己的创意，关键要对一些没必要涉足或坚守的领域果断放弃，这才是企业管理的智者，才是对企业目标的执着。

• 第 19 章 •

摩托罗拉公司

摩托罗拉公司成立于 1928 年。总部设在美国伊利诺斯伊州，位于芝加哥市郊。摩托罗拉公司的联合执行官员是格雷·布朗和桑杰·贾。摩托罗拉公司是世界《财富》500 强企业之一，是全球芯片制造、电子通讯的领导者。

摩托罗拉因在无线和宽带通讯领域的不断创新和领导地位而闻名世界。摩托罗拉拥有全球性的业务和影响力，2006 年的销售额为 428 亿美元。公司旗下有三大业务集团，它们分别是企业移动解决方案部、宽带及移动网络事业部和移动终端事业部。作为一家老牌通信巨头，摩托罗拉在通信业的地位毋庸置疑，摩托罗拉从发明第一款手机开始，见证了迄今为止的整个手机发展史，摩托罗拉无线电应答器被用于阿波罗 11 号宇宙飞船，摩托罗拉在对讲机的江湖地位更是不可动摇，一直是引领行业的风向标，并成了它最赚钱的一项业务。摩托罗拉一直引导时代的进步，从发明了无线电应答器，到全球第一款商用手机，第一款 GSM 数字手机，第一款双向式寻呼机，第一款智能手机，全球第一个无线路由器，以及著名的铱星计划等等。

赏罚分明：我踢人，但我也拥抱人

一个人，在待人方法上有两条原则，即对人要功过清楚，赏罚分明；对己则恩仇勿显，免去猜疑。从管理者来讲，固然需要"恩威并用"，同时必须赏罚分明。赏罚是使人努力的诱因，一个丧失工作诱因的人，他的工作情绪必然不会高昂。假如是一两个人这样还不要紧，万一群体也如此，这个集体乃至社会必然要陷于不进步的停顿状态，所以赏罚又是促进整个社会进步的一大动力。历朝皇帝打天下，哪一个不是以论功行赏作为调动文臣武将积极性的手段呢？就现实生活中的人来讲，不论是做官还是一般人的交际，还需要克己，需要讲究方式方法。恩怨分明本是做人的原则，但在这里需要忍耐，其目的就是分清功过而勿显己之恩仇，以便使大家能为一种共同的目标团结一致。

每年，韦尔奇都要求每一家通用公司为他们所有的高层管理人员分类排序，其基本构想就是强迫每个公司的管理者对他们的员工进行区分。他们必须区分出：哪些员工是属于最好的20%，哪些员工是属于中间的70%，哪些员工是属于最差的10%。如果他们的管理团队有20个人，那么就应知道，20%最好的4个人和10%最差的2个人都是谁——包括姓名、职位和薪金待遇。而这最差的2个人，将面临被通用解聘的命运。

发现优秀人才可以通过各种各样的渠道。韦尔奇一直相信："你遇到的每一个人都是另一场面试。"事实上，不管他们来自什么地方，韦尔奇总是致力于发现和造就了不起的人。韦尔奇强调过很多观点，但他尤为注重把人作为GE的核心竞争能力，在这一点上他倾注了比任何其他事物都多的热情。

摩托罗拉公司就是成功运用韦尔奇这一理论的范例。

摩托罗拉力求把人才的流失率保持在一个正常的水平，这个比率根据整个行业而定。摩托罗拉认为8%～10%的人才流失率是很正常的，低于这个比率则公司缺乏新员工的更新，会导致机体缺乏活力。摩托罗拉大学生流失率相对高一些，在10%以上，而操作工比较稳定，流失率只有1%。

按照工作业绩，摩托罗拉将员工分成最优秀、中间、表现欠佳三类，三类的比例分别为20%、70%、10%。与其他许多500强公司的看法一样，摩托罗拉信奉"20/80法则"，即80%的价值是由20%的人创造的，20%的员工起着非常关键的作用。摩托罗拉竭力留住的就是这部分人才。摩托罗拉众多海外培训以及升职、加薪的机会都会优先安排给这些员工。

中间的70%是企业发展的中坚力量，表现一直很稳定。对于最差的10%，摩托罗拉会逐一作出分析，某些人可能是其工作岗位与之所学或特长不相吻合，通过更换工作职位可以实现其价值。但公司每年还是会有一定比率的员工被淘汰。摩托罗拉会直言不讳地告诉员工，在这个公司可能不太适合你的发展，最好的方法是去另一家公司，可能会更有前途。

摩托罗拉留住人才的做法就是差异化。20%是一种差异化，培训也差异化。通过这些做法，员工就把注意力放到了对企业贡献最大的地方，使他的工作可以让全体人员受益。

在摩托罗拉，忠诚、有才能的人将被提拔任用，愚昧不明、才能低下的人将被辞退。摩托罗拉留下的是忠诚而有才能的人，因为他们是企业的根本、未来和财富。

由多块长短不一的木板所构成的木桶，其装水的多少将由最短的一块木板所决定，这就是著名的"木桶理论"。在企业的人力资源上，更是如此。木桶理论提醒我们：一个企业实际上能发展多大，主要不是取决于企业所拥有的资本规模，而是取决于企业获得多少忠实的、有创造力的雇员。而保持一支创造性队伍的关键是最短的木板能够承受多大的压力。因此，把最短的木板变"长"或者舍弃，是企业实现跨越使命最为重要的环节。

管理者必须兼具软硬两手，既要踢人，也要拥抱人，实施起来坚决果断。拥抱人是件好事，踢人虽然会使人痛苦一时，但绝对必要。如果执行之时优柔寡断，瞻前顾后，就会失去应有的效力。

第 20 章

联想集团公司

联想的总部设在纽约的 Purchase，同时在中国北京和美国北卡罗莱纳州的罗利设立两个主要运营中心，通过联想自己的销售机构、联想业务合作伙伴以及与 IBM 的联盟，新联想的销售网络遍及全世界。联想在全球有 20000 多名员工。研发中心分布在中国的北京、深圳、厦门、成都和上海，日本的东京以及美国北卡罗莱纳州的罗利。

联想集团公司是一家极富创新性的国际化的科技公司，由联想及原 IBM 个人电脑事业部所组成。作为全球个人电脑市场的领导企业，联想从事开发、制造并销售最可靠的、安全易用的技术产品及优质专业的服务，帮助全球客户和合作伙伴取得成功。联想公司主要生产台式电脑、服务器、笔记本电脑、打印机、掌上电脑、主机板、手机等商品。1996 年开始，联想电脑销量位居中国国内市场首位，近几年更是发展迅速，一跃占据世界电脑销售量第二的宝座。2011 年 1 月，联想与 NEC 合作，欲改变笔记本电脑行业格局。

目标是最大的激励

员工工作的一个重要动力就是为实现一定的目标而奋斗。任何一个员工都有自己所期望的目标，如何运用这种目标动力去激发员工的积极性，是管理者的一种管理艺术。

联想集团的目标激励在不同时期有不同的做法。这种变化尤其体现在对不同激励对象所选择的不同目标上。

第一代联想人 100% 是中国科学院计算所的科研人员，他们的年龄在 40 岁至 50 岁之间。和同龄的中国知识分子一样，他们富有学识但自感得不到施展，一面是看着国家落后，一面是自己不能更好地为国家多做一点事。所以这批人的精神要求很高，他们办公司的目的一半是忧国之忧，另一半是为了证明自己拥有的知识能够变成财富。这种要求对于他们尤其重要，办公司是证明他们价值的最后的机会。他们对物质的要求也不太多，旧体制下他们的月收入不足 200 元，当公司每月能够提供 400 多元薪水的时候他们就很知足。

归纳第一代联想人的总体特征，有三点值得注意：一是事业要求极高；二是集体荣誉感很强；三是物质要求不高。针对他们的目标激励，也要与此相适应。因此，联想在这一时间的激励也体现出事业目标激励、集体主义精神培养、物质的基本满足这些特点。

公司初创时期只有 100 多人，在研究所时彼此相识相知，对旧体制弊端都有共同的感受，因此很容易在未来的事业目标上达成高度一致。如今依然在联想影响很大的一些思想和价值观都是在这一时期形成的。例如，"把 5% 的希望变成 100% 的现实"，"看功劳不看苦劳"，"研究员站柜台"，"斯巴达克方阵"等等，这些构筑起联想文化的主体。

那时公司经常开会，一个好消息几分钟就传遍，员工走路都健步如飞，上上下下 100 多人团结得跟一个人似的。这就是当时的联想。初期的联想给员工最多和最大的激励是他们的事业，他们的理想和他们的目标。当然，他们的收入也有了相当的改善。但是，与精神方面的激励相比，物质方面的注重程度和实际效果就显得微不足道。

从 20 世纪 80 年代末开始，联想的情况有了一些新的变化，变化的原因来自于新员工的大量加入。从 1988 年起，联想从中国科学院以外的渠道吸纳人才。先是从一些名牌大学招收研究生和本科生，刚开始时，招收的人数并不多。1988 年招收了几十人，1989 年招收了几十人，1990 年招收了上百人。从学校招来的应届毕业生虽然热情很高，但工作经验很少，于是联想又通过刊登广告和在人才交流中心招聘具有在其他企业工作经验的员工。

到 1991 年的时候，联想北京总部有 600 多名员工，其中 50%～60% 的员工到联想以前与中国科学院没有任何关系。他们和老一代联想人在价值观方面有一定的差别。比如,新一代联想人在荣誉感方面也承认集体主义,但更多的是要突出个人的价值,而不像老一代联想人那样为了集体的荣誉宁愿牺牲自己。

此外,从当时的社会特点来看,人才流动已成为一种普遍的社会现象。人们"从一而终"的职业观念开始动摇,"人往高处走,水往低处流",有一技之长的人开始谋划适合自己的企业和岗位。大量流动的人才除去实现自我价值的理想以外,还有明确的物质要求,这其中包括工资、福利和住房。

为什么会出现这种变化呢?

首先,这批30岁左右的年轻人既看到了长辈在物质方面的贫穷,也亲身经历了这种贫穷,同时也知道了美国的富裕给人们带来的难以抵挡的诱惑,因此他们害怕贫穷;其次,经过多年的孕育,人才市场已经初步形成,严格按商品经济规律办事的外资企业、合资企业和新型企业可以不按政府规定的工资标准给人才开出高价,只有国有企业这个时候还在执行统一的工资等级制度。

这种变化给联想的目标激励提出了新的课题。新一代联想人承认集体的作用,但是很难做到像老一代联想人那样甘愿作一颗默默无闻的螺丝钉。他们强调自己与众不同的价值,必须在工作中明显表现自己的作用。如果在这个方面不能使其满意,就可能给联想的管理带来麻烦。

另外,新一代联想人虽然对事业和理想的追求与老一代联想人一样强烈,但在他们看来,他的工作值多少钱企业就应该给他们多少钱,这完全是必要的。企业如果要求他们提高觉悟,在物质方面完全向老一代联想人学习,他们更可能认为这是愚昧。在职业观念方面,美国的职业观念表明企业是企业,家庭是家庭,联想如今的情况更接近美国。

联想员工薪水收入的大幅度提高是1990年以后,这其中涉及的原因很多。一是国家物价水平上涨,二是联想自身积累的高速增长,还有一个很重要的原因就是员工对激励要求的变化。另外，公司在福利方面也有了突出的变化。例如仅商品房一项，1991年至1995年联想为员工解决的住房就有200多套。30岁出头的联想骨干绝大多数都能享有三室一厅的住房，这在北京已足以令人羡慕。员工每年还可以有10天的带薪休假。

如果说，联想过去的目标激励着重精神方面的话，那么联想今天的目标激励则朝着重物质的方向迈进。

一旦具体的目标或理想生动鲜明地体现出来，员工就会从思想上产生一种共鸣，就会毫不犹豫地追随你。形象地说，管理者利用明确而具体的目标激励员工，就是充当一个"建筑师"的角色。"建筑师"把自己的想法具体地表现在蓝图上，让"建筑"的形象生动鲜明地体现出来，以此激发员工为之而努力工作。

作为管理者，必须将你的目标告诉给你的员工，当员工知道你的目标后，他们就会努力去做你想要的事情。只要能够实现这一目标，不管做这些事情需要付出什么样的代价他们都愿意。

不问做了什么，只问结果如何

计划经济时代，国有企业往往强调吃苦耐劳的"老黄牛"精神。固然，在任何时代，我们都需要任劳任怨、勤勤恳恳的"老黄牛"精神，但也必须看到，在凡事讲效益的现代企业，光靠"老黄牛"那样低头做事已经远远不能达到要求了。

在现代企业，领导重视能出业绩的员工的情况越来越普遍了。是老总偏心、不欣赏苦干的员工而只是欣赏"讨巧"的员工吗？原因往往不是这样。主要的原因，是我们已经进入了市场经济的新时代。那些光知道苦干、穷忙，却又不知自己在忙什么，也忙不出什么结果的人，越来越得不到企业的认可。

现代企业正越来越认可一个新的理念：做任何事情都要讲究效率和效益！不仅要努力去做事，更要把事情做成，做好！

"不重过程重结果，不重苦劳重功劳"是联想集团的核心理念之一。这个理念，在联想公司成立半年之后，就开始提出来。

毫无疑问，刚刚创业时候的联想，大家都有对事业拼命的干劲和热情，但是，光有干劲和热情，并不能保证财富增加与事业的成功。当时就那么一点点的资金，如果没有用好，公司就有可能夭折、破产！这时，只是强调繁忙、勤奋、卖命、辛苦等，是远远不够的。联想用20年时间，从只有几个下海的知识分子的公司，变为了一家享誉海内外的高科技集团。它之所以后来有这样大的发展，毫无疑问与这个核心理念密切相关。

以往我们经常听到某些人讲"没有功劳还有苦劳"，苦劳固然使人感动，但在新的时代形势下，造功劳的人，才有更好的发展！

福特被誉为"把美国带到流水线上的人"，他发明了现代流水线作业的方式，从而大大提高了工作效率。福特是一个酷爱效率的天才，他对效率、结果的高标准在业界皆传为美谈。

当今企业中，更多的是毫无价值的"忙人"。他们每天在急急忙忙地上班、急急忙忙地说话、急急忙忙地做事，可到月底一盘算，却发现自己并没有做成几件像样的事情。他们往往以一个"忙"字作为自己努力的漂亮外衣，却没有想到，这种忙只是"穷忙""瞎忙"，没有给自己和单位带来任何效益。

一个员工要想成就一番事业，就必须从一开始就牢固树立自己的结果意识，以实现结果为工作最终的也是惟一的目标，绝不能像驴子拉磨那样，一条道走到黑。

当前，许多企业提出了一个"新敬业精神"的理念。这一理念的核心，就是强调以效益为核心！让"老黄牛"插上效率和效益的翅膀！从员工的角度讲，只有你为企业创造财富，企业才会给你财富；只有你为企业打造机会，企业才会给你机会！

做一个凡事讲究效率的忙人吧，这样的忙，才会有价值！做一个凡事讲究结果和功劳的人吧，这样，你才会赢得最快速度的发展，并得到最大的认可与回报。

要想造就一流的企业，必须先从打造一流的员工开始。一个员工只有把每时每刻的工作结果与企业的生死存亡紧密相连时，才开始向一流的员工迈进；一个企业只有以生产的结果来引导员工的工作行为时，这个企业才开始向一流的企业迈进。

实行渐进式的创新

渐进式创新，即通过持续不断地积累局部或改良性创新，最终引起质的变化，实现根本性的创新。实施渐进式创新，能够使企业发现技术的市场潜力及进行针对性的改进，真正理解到用户的需求，达到事半功倍的效果。

管理者只有审时度势，对企业的发展战略不断调整、选择并予以实施，管理体系才能不断地完善，创新能力才会逐步形成并不断升级。

联想创业伊始，以技术服务为积累资金的主要手段。1986年联想研制成功第一个拳头产品——联想汉字输入系统，并以此为龙头，推动技、工、贸的发展，形成了"大船结构"的管理模式。由此开始，联想逐渐走出了一条具有鲜明特色的渐进式创新之路，它的发展历程、发展战略、管理、企业制度、领导班子等方面无一不体现出渐进式创新的特点。

从1988年到1994年，联想从贸易型公司转变为开创型企业，以国际化带动产业化，形成规模经济。1987年年末，联想集团策划了海外发展三部曲，实施"瞎子背瘸子""田忌赛马""茅台酒的质量，二锅头的价格"等法则。

从 1994 年到 1996 年，联想完成了管理模式从"大船结构"向"舰队结构"的转变，开始实行事业部体制。在这一阶段，联想在管理上有了突破性进展，通过了《联想集团管理大纲》，从此公司走上了正规的战略制定道路。

在技术竞争日趋激烈的今天，联想集团提出了"打破应用瓶颈，促进信息产业发展"的口号。1998 年，联想与中国科学院计算技术研究所共建联想中央研究院，加大前瞻性基础研究力度，并通过进军软件产业，提高技术附加值。

1999 年，联想提出了全面进军 Internet，提出了"三合一"的 IT 厂商的新战略，推出"天禧"因特网功能电脑和全线网络产品，为新世纪联想的发展奠定了坚实的科技基础……

从以上的事实不难看出，联想的成长是创新的过程，且就内容看，大多数是针对本国国情的改良型创新。具体说来，联想的技术创新，能够发现技术的市场潜力及进行针对性的改进，能够真正理解中国用户的需求，从而达到事半功倍的效果。联想的管理创新，旨在提高资源组合效率，更多地涉及人与人之间的关系和机制，正中传统做法、体制、观念和缺陷之要害；联想的制度创新，集中在建立基本体制构架，如市场制度和企业制度，从体制上为技术创新和管理创新提供了行为规范。

管理正规化工作是创新型的工作，因为大多数企业到今天往往还不了解与市场机制相协调的正规化为何物；在中国仍缺乏合格的管理人员，同样的创新，在中国意味要付出更高的制度和人力资源调整成本。

有鉴于此，企业创新的同时要逐步正规化，以创造有利于专业管理人员成长的环境条件，即创新和建立与现代企业相适应的管理体系的工作必须同步，与管理者相适应的管理体系的工作必须同步。

一个完整的创新过程，大致可以划分为三个阶段，即：发现问题，确立目标；选择突破口，进行规划；创新实践。

管理者的创新，首先需要发现问题，即对现状或传统做法产生不满意感。这里所说的问题是指实际状态与期望状态之间的差距。与期望状态相比，实际状态表现为落后、保守或差劣，因而，导致管理者的不满足感。管理者要能够创新，首先就要求有发现问题的意识，这种意识是管理创新的力量源泉。

如果管理者有强烈的改变现状的愿望，有强烈的发现问题的意识，那么，他的头脑也就运转得快而有力，就会推出他自身也意料不到的好主意。创新要求管理者必须及时地发现问题，调查研究。在发现问题的基础上，初步地分析问题，从而确定切实可行的创新目标。创新目标的确立，是创新过程的第一个阶段。

在发现问题，确立创新目标的基础上，就需要选择创新的突破口。根据管理者的经验，创新可以从以下几个方面入手。

（1）从解决员工议论最多、关心最甚、影响最大的问题入手

任何一件事情的变化和发展都可能受到员工的极大关注，尤其是与员工切身利益有关的事情更应如此。作为一个管理者，要善于综观全局，把握形势，既要关心政治、经济和社会的稳定，又要密切联系员工，求得员工的理解和配合。

（2）从清除工作中的主要"拦路虎"入手

所谓"拦路虎"，也即主要矛盾，或者说工作中的中心问题。因为在众多工作中必定有一个对全局起着决定性影响的工作，它的进展直接控制着全局的势态，决定着其他相关问题的性质和解决。管理者的高明之处，就在于能够准确地断定每一时期的中心工作和中心问题，善于抓住主要矛盾，把主要精力放在这个牵一发而动全身的拦路虎上，一抓到底，抓出成效，使工作朝着既定目标前进。

（3）从关键的环节和部分入手

有时，工作上出现的问题显得纷乱如麻，似乎令人一筹莫展。富有创

造性的管理者应敢于正视这一切,要冷静地进行分析,找出矛盾的主要方面。在一项工作的进展中,要区分主要环节和一般环节。虽然有些事看起来并不一定是大事,但却可能是实现整个目标过程中的关键环节,必须着力抓好。

(4) 从问题最多的单位入手

客观事物的发展是不平衡的。由于各单位客观条件的差异而导致其发展不平衡,出现的问题有多有少,性质也不一样。管理者不可能同时对各单位的各种问题进行详尽的指导,而只能讲求效率地抓典型。从问题最多的单位入手,实际上就是抓后进典型。

为了推动后进典型向前发展,管理者要善于总结先进单位的经验和寻找后进单位存在问题的症结,进行比较分析,循序渐进,引入竞争机制,刺激后进单位提高效率。当然工作着重点在于解决后进单位的问题,如果是外部环境存在问题,则应帮助其改善外部条件;如果是来自内部,则要具体分析,对症下药,使工作得到根本的好转。

在选择了创新"突破口"之后,就可以着手进行创新规划了。

创新实践是在上述两个阶段完成创新目标、创新规划后的具体实施活动,是创新过程的最后一个阶段。创新目标和创新规划还只是纸上蓝图,实现这个蓝图还需要创新实践。在这个阶段,不仅仅是管理者个人的活动,而是管理者组织员工、带领员工去进行创新的群体活动。一项创新工作,需要大家齐心努力的合作。

在创新实践中,需要对原有的蓝图进行不断的完善、修正,因此,各种建设性的批评、建议,都是创新活动中必不可少的养料。有各种特长的员工开展协作,不仅能弥补个人的不足,还能相互启发,激发新思想的产生。

以身作则，使下属自觉追随

振臂一呼，应者云集的管理能力绝不是一个管理职位就能赋予的，没有追随者的管理者剩下的只是职权威慑的空壳。也就是说，是追随者成就了管理者。管理者总是员工目光的焦点，他们往往会模仿管理者的工作习惯和修养。因此，管理者必须以身作则，养成良好的工作习惯和道德修养。

联想在柳传志的带领下，由一个只有20万元的企业发展为拥有上百亿资产的大企业，成为了中国电子工业的龙头老大。而柳传志也被人们看作民族英雄，成为一个具有崇高威望的管理者。

的确，联想能有今天，与柳传志的人格魅力和高尚的品格是分不开的。

在联想发展历程中，曾经有这样一件事。联想有一条规则，开二十几个人以上的会，迟到要罚站一分钟。这一分钟是很严肃的一分钟，不这样的话，会没法开。第一个被罚的人是柳传志原来的老领导，罚站的时候他紧张得不得了，一身是汗，柳传志本人也一身是汗。

柳传志跟他的老领导说："你先在这儿站一分钟，今天晚上我到你家里给你站一分钟。"柳传志本人也被罚过三次，其中有一次他被困在电梯里，电梯坏了，咚咚敲门，叫别人去给他请假，因为没找到人还是被罚了站。

就做人而言，柳传志有一段很有名的话："第一，做人要正。虽然是老生常谈，但确确实实极为重要。一个组织里面，人怎么用呢？我们是这么看的，人和人相当于一个个阿拉伯数字。比如说10000，前面的1是有效数字，带一个0就是10，带两个0就是100……其实1极其关键。许多企业请了很多有水平的大学生、研究生，甚至国外的人才，依然做得不好,是因为前面的有效控制不行,他也是个0。作为'1'的你一定要正。"

柳传志是这么说,也是这么做的,比如在联想的"天条"里,就有一条是"不能有亲有疏",即领导的子女不能进公司。柳传志的儿子是北京邮电学院计算机专业毕业的,但是柳传志不让他到公司来,因为他怕子女们进了公司,互相再一结婚,将来想管也管不了。

正是柳传志的这种以身作则,联想的其他管理者都以他为榜样,自觉地遵守着各种有益于公司发展的"天条",使得联想的事业得以蒸蒸日上。

管理者如何才能做到以身作则呢?主要有以下几点:

(1) 具有自我管理素质

善于自我管理的管理者能够独立思考、工作,无需严密的监督。

(2) 忠于一个目标

大多数员工都喜欢与将感情和身心都奉献给工作的人共事。除了关心自身,管理者应忠于某样东西,比如一项事业、一件产品、一个组织、一个工作团队或一个想法。

(3) 培养自己的竞争力,竭尽全力以达到最好的效果

管理者掌握着对组织有用的技能,因此,管理者的绩效标准应比工作或工作团队要求得更高。

(4) 有魄力,讲诚信

管理者应该独立自主,有值得员工信任的知识和判断力。另外,管理者还要有较高的伦理道德标准,并且勇于承认自己的错误。

作为管理者,不能自律,就无法以德服人、以力御人,如果无法取得员工的信赖和认可,将必败无疑。优秀的管理者必须懂得,要求下属员工做到的事,自己必须首先做到。

许多员工眼中的管理者,都具有某种他人所没有的特质。若你不具备某种独特的风格,就很难获得员工的尊敬。

在此特质中,最重要的即在于管理者的"自我要求"。你是否对自己

的要求远甚于对员工的要求呢？偶尔，你会站在客观的立场，为对方设身处地地想想吗？这种态度与涵养是身为管理者所必备的。一天到晚光为自己打算的人，绝非优秀的管理者。

要求自己的原则与方法（和要求他人乃相互关联的），不是一朝一夕可成就的。你必须有"三军可以夺帅，匹夫不可夺志"的决心与毅力，在不断的努力与经验之中，锻炼自己，促使自己更进一步迈向成功的管理之路。在这些努力的过程中，你的一举一动都逃脱不了员工的观察，他们内心会如此想："这个管理者是足以信赖的！""依此看来，他是值得尊敬的。"那么，你的一切努力将没有白费。

遗憾的是，有些企业的管理者根本做不到"自我要求"，他们总是将罪过归咎于员工。例如：某公司欲制造新产品，集合全体员工开会，可是该公司管理者却因没有杰出的构想而不知所措。他心里想："这些家伙净是窝囊废，竟拿不出一个新构想。"

其实，新构想不能全靠他人而产生，管理者本身也要动动脑筋，然后再要求员工精心筹划。只有靠着大家的双手共同努力，才能够达到目标。如果只是一味地将责任推给员工，如何能赢得他们内心真正的信服呢？

员工服从管理者的指挥，其理由不外乎下列两点：

（1）因管理者地位既高，权力又大，不服从则将遭受制裁

（2）因管理者对事情的想法、看法、知识、经验，与员工相比更胜一筹

这两个条件无论缺少了哪一个，部属都将叛离而去，而其中第二点尤为重要。因此，作为一个管理者应当时刻不忘如此地反省自己：

"我的各方面能力比不比员工强？看法、想法以及做法是否比他们优秀？我应当怎样做才能更出色？"

"在要求员工做一些事情之前，我是否应先负起责任，做好管理工作呢？"

"我是否太放纵自己了？要求别人做到的，我自己有没有做到？"

管理者只有不断地反省自己，高标准地要求自己，才能树立起被员工尊重的自我形象，并以其征服手下所有的员工，使他们产生尊敬、信赖、服从的信念，从而推动管理工作的开展。

管理者要在执行中发挥作用，就是带头去实施和执行。管理者必须全身心地投入到企业的日常运营中去，才能对企业的员工和生存环境有全面综合的了解，而这种了解是不能为任何人所代劳的。因为，毕竟只有管理者才能带领一个企业真正地建立起一种执行文化。

• 第 21 章 •

AT&T 公司

美国电话电报公司（AT&T）是一家美国电信公司，创建于1877年，曾长期垄断美国长途和本地电话市场。AT&T在近20年中，曾经过多次分拆和重组。目前，AT&T是美国最大的本地和长途电话公司，总部位于得克萨斯州圣安东尼奥。

AT&T的前身是由电话发明人贝尔于1877年创建的美国贝尔电话公司。1895年，贝尔公司将其正在开发的美国全国范围的长途业务项目分拆，建立了一家独立的公司，称为美国电话电报公司（AT&T）。1899年，AT&T整合了美国贝尔的业务和资产，成为贝尔系统的母公司。该公司一直是美国长途电话技术的先行者。1984年，美国司法部依据《反托拉斯法》拆分AT&T，分拆出一个继承了母公司名称的新AT&T公司（专营长途电话业务）和七个本地电话公司（即"贝尔七兄弟"），美国电信业从此进入了竞争时代。1995年，又从公司中分离出了从事设备开发制造的朗讯科技和NCR，只保留了通信服务业务。2000年后，AT&T又先后出售了无线通信、有线电视和宽带通信部门。2005年，原"小贝尔"之一的西南贝尔对AT&T兼并，合并后的企业继承了AT&T的名称。

目前，AT&T在世界上100多个国家和地区的雇员总数达30多万人，以年营业额计算位居世界前十大工业公司之列。AT&T的全球智能通信网每天将1.5亿条语音、数据、传真、图像信息通过卫星、海底光缆送至200多个国家和地区。

作为全球性公司，AT&T在全世界为商业、个人、通信服务部门及政府部门提供通信服务，网络通信产品和计算机系统。AT&T的目的是致力于世界各地人们在任何时间、任何地点方便地联络，并向人们提供所需的信息服务，在缩短人与人之间、人与信息之间的距离方面保持了世界通信领域的领导者地位。

管理者不作太多决策，只作重大决策

杜拉克说："有效的管理者，作的是有效的决策。"他认为一位管理者之所以受聘为管理者，并不是要他做他"喜欢做"的事，而是要他做他"应该做"的事——尤其是要他作有效的决策。他特别推崇被认为是商业史上最有成效的决策者西奥多·维尔（曾于1910年开始担任美国AT&T公司总裁20年）。在西奥多·维尔做贝尔电话电报公司的总裁期间，他成功地将贝尔公司建成全球最大、发展最快的私人公司。杜拉克认为AT&T公司之所以有这样辉煌的成就要归功于维尔担任总裁期间所作的四项重大决策，即公开承诺AT&T公司的使命是"我们的企业是服务"，建立贝尔实验室，成立公众监督委员会，以及开创了一个满足非上市私人公司资金需求的大众资本市场。的确，这才是管理者应当做的，也只有管理者才能做的正确的事。

维尔一上任就非常清楚地认识到，如果想要保持自己的私营企业不被政府接管，那么贝尔公司必须比政府机关能更好地照顾公众的利益。于是维尔作出了第一个决策：贝尔公司必须预测并满足公众对其服务方面的希望和要求。也就是贝尔的座右铭："我们的业务就是服务。"然后维尔制定出新标准检查员工服务工作的好坏，而从来不强调利润完成的情况。

贝尔公司意识到如果企业希望能够存活长久，有效、公正和有原则的公众管理是不可缺少的。维尔因此把实现公众管理当成了贝尔公司的目标，要求员工在拓展业务的同时，还必须注意保护公众的利益。这是维尔作的第二个决策。

为了解决没有正常竞争环境的问题，维尔说："我们可以把将来当成对手，让现在与将来竞争。"他作了第三个决策：建立了贝尔实验室。杜拉克认为："贝尔实验室的建立就是为了大胆淘汰现有产品，即使是那些非常盈利、收效不错的产品，这是一项当时世界上绝无仅有的创举。"

由于贝尔公司需要大笔资金进行公司现代化改造和扩张，于是维尔作了第四项决策：贝尔公司引进一种新型股票——投资者股息有保证，资产增值时还能享到好处，通货膨胀时免受损失的新型股票——而且贝尔公司的股票由自己做股票承销工作。

西奥多·维尔才华横溢、头脑敏锐、具有非凡的远见，他的确是一个组织天才。他任贝尔总裁期间只作了四项重大决策，却为公司赢得了辉煌。由此可见，"有效的管理者不作太多的决策。他们所作的都是重大的决策。"

一位有效的管理者，遇到了问题，总是先假定该问题为"经常性质"。这个问题是经常出现，还是以后会经常出现？抑或是纯粹的偶然？他总是先假定该问题只是一种表面问题，一定另有更基本的相关问题存在。他要找出真正的问题所在，不会以解决表面问题为满足。

如果想要在人事问题上作一个正确的决策，那你必须要有足够的时间进行不间断的考虑，尤其是重要环节用人上，一点也不能含糊。在用人时，对一个人的能力、性格、长处、缺点等，都要经过深思熟虑，看看他是否能够胜任，是否大材小用，是否用的是其所长而回避了其所短，是否能够服众，使自己的特长与潜能得以充分发挥等，然后再作决定。

一个有效的管理者，要有战略眼光，不仅要能够把握现在，而且还要能够把握未来。这就要在平时重视对企业发展有重大影响的信息，对市场保持敏锐的洞察力以保障产销方面的决策正确。一个有效的管理者作的决策，一定要符合经济规律、符合企业自身的实际情况，而且必须是经过努力可以实现，有激励作用的决策。

有效的管理者需要的是决策的冲击，而不是决策的技巧；要的是好的决策，而不是巧的决策。有效管理者要尽可能多准备方案，方案越多，选择的余地就越大，采用最佳方案的可能也越大；还要充分发挥大家的智慧，集思广益，只有有不同的见解，才会有最好的决策。另外，决策者还要有创新和开拓精神，敢于作出常规的思维所不能作出的决策。

　　管理者还应该将行动纳入决策当中，不要只是纸上谈兵。行动前要进行预谋规划，搞好宣传，让下级能够充分的理解；对执行过程中可能出现的意外情况事先进行准备，并在执行中不断总结经验教训；然后严格按照要求贯彻执行，合理激励员工。

　　决策的有效性取决于决策者对决策可行性、可接受性以及决策质量、耗时等因素的重视程度。管理者在进行决策时，都应当将精力集中在对问题本质的认识上，以便更好地针对问题进行决策。

第 22 章

本田株式会社

本田株式会社是一家日本跨国企业，以制造汽车、机车、卡车和自行车等交通工具为主，同时也制造引擎，一年约生产1400万台引擎，是世界最大的引擎制造商。

该公司成立于1937年11月，一开始是生产汽车的关键零配件活塞环，创办人为本田宗一郎。

2004年开始，本田制造由柴油发动的机车，除了降低噪音外，也比过去的机车排放更少的废气，减轻了污染的程度。

在北美洲，本田公司销售高阶汽车的品牌为Acura。

本田公司的总部位于东京，股票除了在东京证券交易所上市外，在纽约证券交易所也有股票发行。

管理者要以身作则

身先士卒，率先垂范，永远会唤起下属的崇敬感。

现在的大多数人都不喜欢被管理，如果管理者的行为引起下面人的疑虑，会引起他们的反感。因此，身为管理者，必须真正地以身作则，才能让下属信服。

群众期待的管理者，是在非常时期能够表现得与众不同，且能够断然地作出决定，迅速敏捷地采取行动的人。只有这样的管理者，才能强有力地支配部下。

在竞争愈来愈激烈的今天，企业随时都会面临各种困难。当面临困境时，管理者必须能够身先士卒，面对难关。这样坚定沉着的精神就会传达给部下，让大家都能够勇敢地面对挑战。

身为管理者，不仅是要会做报告、夸夸其谈、口若悬河，在言辞上折服众人，更重要的是自己能以身作则、严于律己。因为自己的一言一行、一举一动都受到大众目光的监视。将自己的行动表现在事业上，是最能感

第22章
本田株式会社

动他人的举措。

日本本田公司的创始人本田宗一郎每当遇到棘手的事情时，总是自己率先去干。公司里的年轻人非常佩服他的这种身先士卒、垂范作风。

有一次，为了谈一笔出口生意，本田宗一郎和同事藤泽武夫在滨松一家日本餐馆里招待一位外国商人。外国商人上厕所时，不小心弄掉了假牙。本田宗一郎二话没说，就跑到厕所，脱掉衣服，跳下粪池，用木棒小心翼翼地慢慢打捞，终于找到了假牙。然后，他又反复冲洗干净，并做了严格的消毒处理。回到宴席上，本田宗一郎自己先试了试，高兴得手舞足蹈。这件事让那位外国商人很受感动，生意自然获得了圆满的成功。藤泽武夫目睹了这一切，感慨不已，认为自己可以一辈子和本田宗一郎合作下去。

俗语云：行动是无声的教诲。一大堆的同情话、亲热语，远不及于援一手、投一足的实际小帮助。人是最容易为一些小事情、小恩惠的感情所折服的。作为管理者，还应降低自己的物质欲望与享受观念，使自己与大众没有差异，使自己成为大众中的普通一员。要求他人做到的，自己首先要做到，这样，说话就响亮，就能感服他人。

孔子曰："其身正，不令而行；其身不正，虽令不从。"有些地方或单位之所以出现"有令不行，有禁不止"的现象，一个重要的原因，就在于某些管理者，特别是高级管理者自身不正，不能以身作则。"己身不正焉能正人？"要"身正"，必须严于律己，加强自身的思想道德修养。

榜样可以起到明显的激励作用，从而推动各项工作的开展。什么是榜样激励的核心问题呢？就是企业的管理者要以身作则。事实证明，企业管理者的一举一动往往影响着员工的积极性，会给员工留下深刻的印象。在不少企业里，都开展"评先进、树典型"活动，为员工树立了榜样，使企业形成了一种积极向上的文化氛围。

管理者要注重行为的"垂范激励"。企业管理者，不管你是委派的还是选举产生的，抑或是竞选受聘的，一旦被任命之后，手中就拥有了经营管理企业的权力。然而，这并不意味着你的权力已经"合法"。能否获得群众认同的"合法权威"，关键要看管理行为产生的"激励效应"如何，即能否从你的下属和员工那里得到"合法化"赞同。

美国社会学家彼德·布莱认为，管理者的有效性和稳定性取决于下级的社会赞同。受到下级承认和赞同的管理者，在对下级施加影响时，要比那些未受到承认或赞同的管理者更为有效。假如你忽视了这一点，以为靠着人事部门的一纸文件就可以滥用权力，那么你就会动摇管理者权威的有效性和合法性。久而久之，最终会丧失员工心目中对你的权力和威信的认可。

信任是授权的精髓和支柱

信任产生的心态就是认可，管理者只有认可下属时才能信任他，才可能给他权力。从授权的角度上来说，信任是授权的精髓和支柱，只有充分信任，才能有效授权。

一般的管理者不放心把权力委托给员工，这是出于"别人谁也不会像我自己做得那么好"的思想，或者是惧怕员工滥用权力，实质就是不信任自己的员工。

某杂志曾经以"你最不喜欢什么样的老板"为题向50位白领征询看法，结果收集上来一箩筐意见，历数老板的种种致命缺点。其中，骄傲自大，刚愎自用，不懂得充分授权和信任员工被提到的次数最多，超过了对老板个人能力、公司管理各个方面，甚至员工个人利益。是的，没有信任，又何谈授权？一些管理者表面上是把权授出去了，可是仍事事监控，或者关键的地方不肯放手，这都是不信任的表现，如此的授权又有什么实质的意义呢？

要知道,不被信任,会让员工感到不自信。不自信就会使他们感觉自己不会成功,进而感到自己被轻视或抛弃,从而产生愤怒、厌烦等不良的抵触情绪,甚至把自己的本职工作也"晾在一旁"。相反,在信任中授权对员工来说,是一件非常快乐而富有吸引力的事,它极大地满足了员工内心的成功欲望,因受到信任而自信无比,灵感迸发,工作积极性骤增。

本田第二任社长河岛决定进入美国办厂时,企业内预先设立了筹备委员会,聚集了来自人事、生产、资本三个专门委员会中最有才干的人员。作出决策的是河岛,而制定具体方案的是员工,河岛不参加,他认为员工会做得比自己更好。比如,位于俄亥俄州的厂房基地,河岛一次也没有去看过,这足以证明他充分授权给员工。当有人问河岛为何不赴美实地考察时,他说:"我对美国不很熟悉。既然熟悉它的人觉得这块地最好,难道不该相信他的眼光吗?我又不是房地产商,也不是账房先生。"

本田的第三任社长久米在"城市"车开发中也充分显现了对员工的授权原则,"城市"开发小组的成员大多是20多岁的年轻人,有些董事担心地说:"都交给这帮年轻人,没问题吧?""会不会弄出稀奇古怪的车来呢?"但久米对此根本不予理会,他大胆放手让这些年轻人去干,就这样,这些年轻技术员开发出的新车"城市",车型高挑,打破了汽车必须呈流线型的"常规"。那些固步自封的董事又说:"这车型太丑了,这样的汽车能卖得出去吗?"但久米坚信:如今的年轻人就是想要这样的车。果然,"城市"一上市,很快就在年轻人中风靡一时。

经营之神松下幸之助说:"用他,就要信任他;不信任他,就不要用他。"所以,当企业管理者给下级授权时应当充分信任下级员工能担当此任。

由此可见,信任基础上的授权可以激发最强烈的动机,使人全力以赴。

当然,有些管理者之所以不信任员工,除了怕他们的能力不够之外,还怕他们在操作过程中出现失误，造成损失。但是如果没有失误又哪里会进步呢？再说，人非圣贤，孰能无过。既然你决定授权给他，就要充分信任他，允许他犯错误。

一手缔造了宏碁集团的施振荣，2004年退休了，不过作为第一代创业者，他的接班人并不是两位聪明能干的儿子，而是跟随自己多年的老部下王振堂，宏碁总经理还是一个意大利人。

施振荣的管理心得很重要的一点就是信任员工、充分授权。他常说："企业要想做到代代相传，必定要建立在授权的基础上。再强势的管理者，总有照顾不到的角落，也会有离开的一天。但是在一个授权的企业，各主管已经充分了解公司文化，能够随时随地自主诠释企业文化，这样的企业才有生命力。"

对于公司员工，他的原则是给予信任、充分授权，即使他们工作做得慢、与自己的方式不同，也绝不插手。他说："要忍受过错，把它看作成长必须要付出的代价。只要他犯的是无心之过，只要最终他赚的钱多于学费，你就没有理由吝于为他缴学费。你一插手，他失去机会和舞台，怎么成长呢？"在这一氛围中，宏碁涌现了不少独当一面的人才，形成强大的接班人队伍。

只有充分信任员工，才能进行有效授权。正如著名管理专家柯维曾精辟地说："授权并信任才是有效的授权之道。"在实际工作中，一方面，员工希望获得上司的信任，被授予更多权力；另一方面，获得授权的员工，在被完全信任的情况下，才能拥有自主决策的权力，并能有效行使被授予的职权。反之，缺乏信任的授权，导致员工失去积极性，缺乏主动性的必然结果。当然，值得信任是信任的前提。找到那些值得你信任的员工，然后放手让他们去干吧。

• 第 23 章 •

丰田汽车公司

丰田喜一郎于1933年创建丰田汽车公司。丰田汽车公司是一家总部设在日本爱知县丰田市和东京都文京区的汽车工业制造公司，前身为日本大井公司，隶属于日本三井产业财阀。

丰田汽车公司自2008年开始逐渐取代通用汽车公司而成为全世界排行第一位的汽车生产厂商。其旗下品牌主要包括凌志、丰田等系列高中低端车型等。

丰田的产品范围涉及汽车、钢铁、机床、农药、电子、纺织机械、纤维织品、家庭日用品、化工、化学、建筑机械及建筑业等。1993年，总销售额为852.83亿美元，位居世界工业公司第5位。全年生产汽车445万辆，占世界汽车市场的9.4%。目前，丰田是世界第一大汽车公司，在世界汽车生产业中有着举足轻重的地位和作用。

省下的就是赚下的

彼得·杜拉克曾指出："企业内部只有成本。"因为企业的价值增值直接取决于企业成本的高低，所以企业管理的一项基本任务就是不断地降低成本。说到企业成本的控制，最值得一提的要数日本的丰田公司。

一般的企业多会提倡节约，但在成本控制时，往往在原料和生产工艺上着手。丰田公司认为，这样进行成本的控制是有限的，而且会受到钢材、油价等众多因素的综合制约，所以企业之间成本控制的差别不会很大。只要是公司消耗的就是成本，所以丰田公司在多方面进行成本控制。

首先，丰田认为通过消灭生产流程中的浪费来达到成本控制的目的，企业才有能够发挥的空间。因此，消灭浪费一直是丰田成本控制的有力武器之一。"杜绝浪费任何一点材料、人力、时间、空间、能量和运输等资源，这是丰田生产方式最基本的概念。"在丰田内部，浪费一般被归结为：质量问题造成的浪费；生产线上等待造成的浪费；加工造成的浪费；过多、过早制造造成的浪费；直接导致库存的浪费；物件搬运造成的浪费；多余动作造成的浪费。

杜拉克认为："当今企业之间的竞争，不是产品之间的竞争，而是商业模式之间的竞争。"随着时代发展，进入21世纪之时，欧美汽车制造商纷纷尝试"以兼并重组增实力"的强攻战术，而丰田公司却偏反其道而行之，提出了"CCC21（21世纪成本竞争力建设计划）"，在设计、生产、采购和固定费用四个方面"大规模压缩成本"。比如：易斯特（east）和威驰（witz）使用的就是同一平台。这样，丰田就大大节省了新车投产或车型变更时的前期投入，而且"节省了能源"。有人说："丰田这是新瓶装旧酒。"但换个角度来想，性能达到一定程度后人们选得不就是款式吗？

在实施CCC21的过程中，丰田还特别重视细节。在丰田公司的内部，会有好多信件的往来，为了节俭，都是用白纸条贴住原来写过的信封再接着用。这样一个信封可以反复使用，节约了很多成本。一位总务秘书觉得用崭新的白纸条贴过的信封还是有点奢侈，于是建议用电脑打字的废纸来替代白纸。这个合理化建议当即被采用。令人难以预料的是：这个建议一年竟为丰田公司节约开支10万日元之多。

再比如，每年丰田都会在公司的运动场上举行盛大的运动会。运动会场需要用白线画出来8条跑道，如果雇外面的人来画白线，虽省事却要花费170万日元。为了减少不必要的开销，公司车辆油漆部的员工主动承担起一年一度运动会跑道画线任务，这样一来仅需支付6万日元的原料费就可以了，仅画白线这一项就为公司节省了164万日元。

更让人难以想象的是，丰田公司专管卫生的部门，经过仔细观察公司所有卫生间的抽水马桶后，得出了这样一个结论——抽水马桶用水过于浪费。为了杜绝用水的浪费，他们在每一个抽水马桶的贮水箱里放进两块砖头，从而达到了节约用水的目的，为公司节省了用水开支。

彼得·杜拉克早在20世纪60年代曾经预言：物流领域是经济增长的"黑暗大陆"，是"降低成本的最后边界"，是"第三利润源泉"。在这一点上日本丰田汽车公司仍旧占有优势。其总装厂与零部件厂家之间的平均距离大约为90多公里，通用公司的总装厂与零部件厂的平均距离将近700公里。近距离很大程度上降低了物流成本，日本企业同时将这种平均距离近的优势转化为管理上的优势。

丰田汽车的销量没有通用高，但它是世界汽车行业利润最高的。省下的就是赚下的，丰田节约的概念从大的流程到小的细节，由公司高层到底层员工不遗余力地贯彻执行，这是丰田不可阻挡的原因。

随着社会的发展，利润的创造已不能寄希望于产品价格的上扬，降低成本是追求最大利润最根本的途径。降低成本既是为企业创造利润，也是为用户创造价值。成本的高低水准是企业市场竞争力的一种体现。传统的成本控制只侧重于产品生产制造过程，仅以成本本身控制为主，没有涉及企业的全过程。

构成成本的要素和企业所处的环境是不断变化的，降低成本也是永无止境的。企业成本存在于信息流、物流和资金流的各个环节中，掌握在每一个人的手中，无论是生产成本、管理成本还是机会成本，有效控制一个都不能缺少。很少有企业从整个系统的角度分析成本形成的原因及降低成本的方式，从而限制了管理者的视野，束缚了各种潜在的、可能更有效的成本控制方法的运用。企业要倡导全员成本控制，让每位员工、每个岗位、每道工序都能将成本控制到最低。事实证明，科学决策、技术创新和规范管理是企业降低成本的三大要素，这三个要素的空间越大，所能降低的成本也就越多，企业的利润也就越高。

企业要想发展，就要有利润，而省下的就是赚下的，所以企业只有跟得上时代的步伐，运用各种方法降低成本，才能够求得更好的发展。

企业的目标管理

杜拉克认为：企业的目的和任务必须转化为目标，目标的实现者同时也是目标的制定者。首先，他们必须一起确定企业的航标，即总目标，然后对总目标进行分解，使目标流程分明。其次，在总目标的指导下，各级职能部门制定自己的目标。再次，为了实现各层目标必须将权力下放，培养一线职员主人翁的意识，唤起他们的创造性、积极性、主动性。除此之外，绝对的自由必须有一个绳索——强调成果第一，否则总目标只是一种形式，而没有实质内容，岂不是空中楼阁？

企业管理人员必须通过目标对下级进行领导，并以此来保证企业总目标。如果没有方向一致的分目标来指导每个人的工作，则企业的规模越大、人员越多时，发生冲突和浪费的可能性就越大。当今世界上赫赫有名的丰田汽车工业公司，每年生产各种汽车300多万辆，其中50%出口，年营业额高达6万多亿日元，居日本汽车制造业的榜首。在世界十大汽车公司中，丰田公司仅次于美国通用汽车公司而名列第二位。丰田公司生产的轻型小轿车，更是以它质量上乘、美观耐用、上门服务而遍布全球。"车到山前必有路，有路必有丰田车"的广告语，实际上就是丰田公司的追求。

杜拉克指出："凡是工作状况和成果直接地、严重地影响着企业的生存和繁荣发展的地方，目标管理都是必要的。"丰田汽车公司在自身的发展过程中，通过对日本与美国在经济发展速度上反差大的认真比较和分析，找到了日本人在生产管理上存在的致命弱点，就是生产过程中的浪费现象。以前，按照传统的作业方法，装配工厂总是将储存在仓库里的汽车零件在装配线需要时才运到现场，这就需要公司拥有较完善的仓库设施、运送汽车部件的人员和仓库管理人员。公司生产出目前不需要的汽车部件存放在仓库里，不仅浪费了人力、物力，而且库存零件就等于占压了资金。为了改变生产过程中的严重脱节而造成的浪费现象，丰田汽车公司实行了独特的传票卡制度。

这种制度以销售公司需要的汽车数量为大前提，以最后一道工序为起点，上道工序只生产下道工序所需要的汽车部件的数量。"传票卡"上面记载着何时生产、生产多少、运往何地等多项指示。装配厂将用完的空箱送回原处，各零件生产工厂就根据"传票卡"上的指示，装好零件再送到装配厂，绝对禁止超过票上规定的数量领取部件。这样就使各原料工厂、零部件工厂和装配厂不但分工细，而且能自我约束，从而做到了忙而不乱，井然有序，大大减少和消除了生产过程中的浪费现象。

传票卡制度合理完善后，丰田汽车公司由于按计划生产所需要的东西，不使生产的产品过多，减少了仓库的产品积压，降低了生产成本，公司取得了很高的经济效益。据统计，丰田公司设置的零部件仓库仅是日本第二大汽车公司——日产公司的 1/5，仅这一项每年节约开支就达 40 亿日元。

目标管理理论强调自我控制，注重成果第一的方针，促使权力下放，突出民主管理。为了实现企业的总体目标，首先确立企业的整体目标，然后制定企业各部门员工的目标。

丰田汽车工业公司实行的是目标管理理论。为了实现公司的总体目标，丰田公司从生产作业、营销管理、管理制度等方面加强着手，层层有目标，人人有责任，人人有动力。

为了提高生产效率，最大限度地降低成本，丰田公司实行了建议制度。公司积极鼓励每一位职工提出生产经营管理方面的合理化建议，然后对每项建议认真研究，只要能提高公司的经济效益，公司都会积极地采纳。建议一经采纳，就要支付给报酬。这种报酬的数额最低为 500 日元，最高为 10 万日元，主要是根据建议的大小、经济效益的高低而定。

建议的内容非常广泛，大到每辆汽车的设计、组装的改革，小到怎样利用信封和短铅笔头。有些建议由于经济效益价值大，而获得了专利。如某职工提出改进汽车坐垫下面的弹簧建议，公司采纳后每月可节约开支240万日元，并且每天可减少两个人工。为此，他不仅获得了公司奖励的10万日元，而且在日本和美国申请了专利。

建议制度的实施得到了职工的积极拥护。1977年丰田汽车公司全体职工提出了46万多条合理化建议，每人平均10条，其中被采纳的达38万多条，为公司节省开支260多亿日元。

丰田公司的建议制度，使其产品质量越来越好，产品返销率和赔偿费直线下降，销售额急剧增加。近年来丰田汽车在美国的市场占有率已达42.2%，建议制度在其中起到了很大的作用。

民主管理是丰田汽车工业公司管理制度最大的特点。丰田汽车工业公司提倡"人人有建议，人人有报酬"这种民主管理制度，使职工有了畅所欲言的权力，得到了职工的拥护，同时使产品质量得到了提高，各层目标得到了实现，最大限度地调动了员工的积极性，实践了杜拉克的参与管理"自我控制"的管理理论。

1950年，在丰田公司债台高筑、濒临破产时，公司接受了日本中央银行的建议，将汽车生产公司与销售公司分开。由于"产销"分开，各行其职，销售公司可以自行决定推销方式，表现出了高度的灵活性和强大的活力。

在1977年，为了促进销售，销售公司建立了"推销责任区域制度"。这种制度就是在全丰田系统成立特约经销店，并根据汽车的类型，把经销店分为"丰田店、小丰田店、奥特牌店、花冠牌店"，每个经销店下设若干营业所。就这样，销售公司建立了四大系统的经销店252个，下属营业所2850个，共有推销员28000多名，形成了庞大的销售网络和销售队伍。在此基础上，明确划分出每一个经销店所属营业所的责任区域和每个推销员所负责的经销地段，使公司的流通网络星罗棋布。

为了牢牢控制自己的责任区域，公司制定了《责任区访问法》。访问的主要内容是：挨区访问，争取不漏一家一户；按行业一个一个地访问，收集各行业购买汽车的情报资料；针对购买汽车的大主顾，进行重点访问。此外，还有根据季节、汽车种类而进行的访问。

为了保证责任区最大限度地销售汽车，销售公司给推销员制定了销售汽车的定额。公司根据每个推销员的具体情况以及他们所在的地段，按月下达销售数额。一般新推销员每月要售汽车13～14辆。经销店要求每一个推销员必须完成自己的销售数额。这种科学的分工、严格的管理，成为丰田公司数以百万计的汽车源源不断地售出的关键所在。

这些强有力的营销管理也是目标实现的手段。生产和销售搅在一起，是丰田汽车工业公司一大致命的弱点：拣了芝麻，丢了西瓜。为了解决这个问题，丰田公司实现"产销"分开，各行其职，建立了"营销责任区域制度"。这样在丰田汽车工业公司，层层有目标，人人有动力，为目标实现提供了保障。

目标管理又称为成果管理，是思想的产生及发展，是许多管理学家努力的成果。凡是工作状况和成果直接地、严重地影响着公司的生存和繁荣发展的地方，目标管理是必要的，而且希望管理者所能取得的成就必须来自企业目标的完成，他的成果必须用他对企业的成就有多大贡献来衡量。

其实目标管理思想在古典派经济管理大师泰勒的科学管理中初见端倪。对员工实行工资差别制，就是实现目标管理的一种表现。按照每个管理人员和工人的目标任务完成情况和实际成果大小来进行，以激励其工作热情，发挥其主动性和创造性。目标管理规定了每个人在一个特定时期完成的具体任务，从而使整个管理部门的工作能在特定的时刻内充分地融合为一体。所以，应当为公司所有子公司、工作人员规定具体目标，要及时评价实践，并用一个标准来评价。

现代文明时代任何人都主张推崇民主而拒绝独裁。管理者不是一位体育教练，而是一位实干家。管理者权力下放，有利于为职工创造一个舒适的工作舞台，而不是家长式的管理氛围。

目标管理的目的就是体现效益。一个好的目标会给公司带来竞争力，因此整体目标的确定要有前瞻性。而传统的管理方式，往往容易犯主观主义错误。

制定企业各部门以及员工目标一定要责任清楚、分工合理，这是前提。在制定目标时，一线员工和领导要畅所欲言，各抒己见，充分体现民主，这样才能使下面的目标与公司总体目标相协调，促进总体目标的实现。

总之，通过将组织的整体目标层层展开和具体落实以及正确确定下属人员的工作目标，就形成了组织目标体系。形成了组织目标体系之后，为了使组织目标得以实现，还需做好目标实施所需的各项准备工作。较高层次的管理者通过与其下属共同确定目标，对下属完成目标所需的资源情况，组织内部确定并协调对各种资源的需要量，将组织可支配的各种资源与组织目标联系起来。

第 24 章

塞氏工业集团

塞氏工业集团（SEMCO集团公司）位于巴西的里约圣内卢，是一家多元化经营公司，企业年收入近10亿美元。这家公司的企业文化与刻板、严守纪律似乎格格不入，而且"随意"到了极致：所有工作人员都可以自定薪水，自定工作计划，自定工作目标，而且定了就给你批。而且，这家公司没有战略，没有经营计划，没有管理机构。但就是这样一家如此"古怪"的公司，业绩却是惊人地好。

通过授权提升领导力

授权是现代管理者的分身术。尼克松在谈到当美国总统的时候说，领袖有各种各样重要的选择，其中就有什么事该亲自处理，什么事可以让别人去办，以及选择什么人代表自己办事。

管人之所以给职位还要给权力，是因为这是领导工作的需要。现代化领导面临政治、科技、经济、社会协调等千头万绪的工作，即使你有天大的本事，但光靠自己一个人是绝对不行的，必须依靠各级各部门的集体智慧和群体功能。这就要根据不同职务，授予下属以职权，使每个人都各司其职，各负其责，各行其权，各得其利，职责权利相结合。这就能使管理者摆脱繁琐事务，以更多的时间和精力解决带有全局性的问题。所以与职务相应的权力不是管理者的恩赐，不是你愿不愿给的问题，而其与职务是孪生兄弟，职权相应是搞好工作的必需。

授权的方法有四点：

一是授权者要注意激发受权者的责任感和积极性。授权的目的，是要下属凭借一定的权力，发挥其作用，以实现既定的领导目标。但如果受权者有权不使，或消极使用权力，就不能达到这个目的。因此必须制定奖惩措施，对受权者进行激励，引入竞争机制。

二是要给受权者明确责任。要将权力与责任紧密联系起来，交代权限范围，防止受权者使用权力时过头或不足。如果不规定严格的职责就授予职权，往往成为管理失当的重要原因。

三是要充分信任受权者。与职务相应的权力应一次性授予，不能放半截留半截。古人云："任将不明，信将不专，制将不行，使将不能令其功者，君之过也。"管理者给职不给相应的权，实际是对所用之人的不尊重、不信任。这样，不仅使所用之人失去独立负责的责任心，严重挫伤他们的积极性，一旦有人找他们，他们就会推："这件事我决定不了，去找某领导，他说了才算。"

四是授权要注意量体裁衣。要根据受权者能力的大小，特别是潜在能力的大小来决定授职授权，恰到好处地让每个受权者挑上担子快步前进，不要有的喊轻松，有的喊压死。

管理者管人是否得当，就是看被管人根据所授予的职权，在实际工作中能否恰到好处地行使权力，胜任职务来判断的。管理者务必慎重地、认真地对待用人。希望那些以"辛苦"为荣，以"忙碌"为绩的领导，少干一些"忙自己、包办、代替、抑制人才的傻事"，多一些大胆放权的开明之举，集中精力想好大事，抓好大事。

如何更有效地发挥下属的积极性、创造性，这在现代企业管理中，是一个令企业管理者感兴趣的问题，并且，不少企业进行了卓有成效的尝试。当今巴西最负盛名的企业集团——塞氏工业集团，创造出一种旨在最大限度地发挥员工积极性、创造性的全新管理模式。

塞氏企业是个生产多种机械设备的大型集团。理查德·塞姆勒从父亲手上接下塞氏时它还是个传统的企业。塞姆勒也深信拥有纪律的高压管理能创造效益，以统治数字为武器的强干经理也可以主导业务。但在一次生病后，塞姆勒产生了全新的想法。

塞姆勒采取的第一个步骤就是取消公司所有的规定。他认为规定只会使奉命行事的人轻松愉快，却妨碍弹性应变。在塞氏，每位新进入的员工只会收到一本20页的小册子，重点提醒大家用自己的常识判断解决问题。

塞氏企业的工人可以自订生产目标，不需劳驾管理人员督促，也不要加班费。主管们也享有相当大的自主权，自行决定经营策略，不必担心上级的干预。最特别的是，员工可以无条件地决定自己的薪水。因为塞氏主动提供全国薪水调查表，让员工比较在其他公司拥有相同技术和责任的人拿多少薪水，塞姆勒毫不担心有人会狮子大开口。事实证明，要某些人提高自己的薪水还得花上好一番功夫呢。

工人们也可以自由取阅所有的账册，公司与工会设计了专门课程，教全体员工如何看各种财务报表。

在做真正重大决定时，例如要不要兼并某公司，塞氏一律由全公司投票表决。公司没有秘书，没有特别助理，塞姆勒不希望公司有任何呆板的而又没有发展的职位。全公司上上下下，包括经理在内，人人都要接待访客、送传真、拨电话。塞氏曾做过试验：将一叠文件放进作业流程，结果要3天才送进隔壁办公室对方手里，这更坚定了塞姆勒要精简组织的决心。

塞姆勒不像别的老板那么勤于去办公。早上他多半在家里工作，因为他认为那样比较容易集中精神。他也鼓励公司其他经理在家里工作。此外，他每年至少出外旅行两个月，每次旅行绝不留下任何联络的电话号码，也不打电话回公司，他希望塞氏的每个人都能独立工作。

继组织变革后，塞氏也改变了部门之间的合作方式。如某个部门不想利用另一个部门的服务，可以自由向外界购买，这种外界竞争的压力使每个人都不敢掉以轻心。塞氏还鼓励员工自行创业，并以优惠的价格出租公司的机器设备给创业的员工，然后再向这些员工开设的公司采购。当然，这些创业的员工也可以把产品卖给别人，甚至卖给塞氏的竞争对手。塞姆勒说：这样做使公司反应更敏捷，也使员工真正掌握了自己的工作——伙计变成了企业家。

此外，工作轮调也成了塞氏制度化的一部分。每年他们有20%～25%的经理互相轮换。塞姆勒认为，人的天性都是闲不住的，在同一个地方呆久了，难免会觉得无聊，导致生产力下降，唯一的方法便是轮调。同时由于塞氏各项工作的速度及频率都太快了，造成员工相当大的压力，塞氏非常重视专业再生充电，也就是休假制。借此机会员工可以重新检讨个人的工作生涯与目标。

每周三下午总会有几十个世界各大著名企业，如通用汽车、IBM、柯达、雀巢等的主管来到巴西的圣保罗市郊，参观塞氏这种全新的管理模式。有些参观者把塞氏管理比作东欧的社会主义。

但不管怎么讲，更令参观者惊讶的是，在经济不景气、经济政策混乱的大环境中，塞氏近12年来增长率高达600%，生产力提高近7倍，利润上升5倍。巴西一家主要杂志对大学应届毕业生所做的调查中，25%的男生和13%的女生都说塞氏是自己最想进的公司。

企业管理者要部下担当一定的职责，就要授予相应的权力。这样有利于管理者集中精力抓大事，更有利于增强部下的责任感，充分发挥其积极性和创造性。

敢不敢放权，是衡量一个管理者用人艺术高低的重要标志。如果管理者对部下不放权，或放权之后又常常横加干预、指手画脚，必然造成管理混乱。另一方面，部下因未获得必要的信任，也会失去积极性；这也会使部下产生依赖心理，出了问题便找领导，管理者也会疲于奔命，误了大事。

第 25 章

统盛·普连德公司

法国统盛·普连德公司是一个生产电子产品、家用电器、放射线和医用电子仪器的大型电器工业企业。该公司下属分公司遍布全球,年销售额达数十亿法郎。

集权不如放权更有效

管理者要善于分派工作,就是把一项工作托付给另一个人去做。这并不是把令人不快的工作指派给别人去做,而是下放一些权力,让别人来做些决定,或是给别人一些机会来试试像你一样做事。

当然了,总有一些工作不那么让人乐意去做。这时候,也许你就该把这些任务分一分,并且承认它们或许有那么一点令人不快,但是,无论如何,工作总得完成。

在这种时候,千万别装得好像给了那些得到这些工作的人莫大的机会一样,一旦他们发现事实并非如此的时候,也许会更厌恶去做这件事。这样一来,想想看,工作还能干得好吗?为什么对某些领导来说把工作派给别人去做是件如此困难的事呢?下面就是可能的原因。

(1)如果你把一件可以干得很好的工作分派给别人做了,也许就达不到你可以达到的水平了,或者不如你做得那么快,或者做得不如你精细。求全责备的思想作怪会以为把工作派给别人做,不会做得像自己做得那般好。

(2)如果让别人来做你的工作,也许你会担心他们做得比你好,而最终会取代你的工作。

(3)如果你放弃了你的职责,你将无事可干,因为害怕在把工作派给别人做了之后就无事可干了。所以那些握有些小权的人,哪怕是芝麻绿豆大的小事也不愿放手让别人去干。

(4)你没有时间去教别人如何接手工作。

（5）没有可以托付工作的合适人选。

如果你确确实实想要把工作分派下去，那么，在你花一点时间作一番努力之后，所有上述的这些困难都是可能克服的。你要对付的第一件事也许就是自己对此事所持的挂谅态度。

如果你确实有理由担心，因你的员工在工作上出了差错之后，你就会失掉你的工作；或者在你工作的地方，工作氛围相当糟糕，你担心工作不会有什么起色，这时候，你就得和你的上司谈谈这些情况，从而在分派工作这件事情上得到他的支持。

如果确实还没有可以托付工作的人选，而你自己又已经满负荷运转，那么，也许你就该考虑一下是不是该再雇用一个人。

当然，放权也需有度。其中，"大权独揽，小权分散"是现代企业管理中实行的一项既授权，又防止权力失控的有效办法。

法国统盛·普连德公司是一个生产电子产品、家用电器、放射线和医疗方面电子仪器的大型电器工业企业。该公司属下各分公司遍布全球，为了对这个年销售额达数十亿美元的大企业进行有效的管理，公司实行了"大权独揽，小权分散"的管理制度。

总公司把投资和财务方面的两大关键权力掌握在自己手中。公司所属的分公司，每年年底都要编制投资预算报告，并呈报总公司审核。总公司对预算报告进行仔细的分析，如果发现有不当之处，就让各公司拿回去进行修改。当投资预算批准后，各公司都要照办。当然，这些预算也不是不可变更的，只要在预算总额内，各分公司的主管还可以对预算内的金额自行调整。通常，分公司经理可对每一个预算项目增或减10%，如果数目超过10%，则必须经过高一级主管的批准。

该公司建立了一项十分有效的管理控制员制度，对下属公司的生产，尤其是财务方面进行监督，这些管理控制员在执行任务时，都得到了总公司董事会的全力支持，他们对各公司的间接制造费用、存货和应收款等特别注意，一旦发现有任何不正常的迹象，就立即报告总公司，由总公司派人进行处理。各分公司每个月的财务报表必须有管理控制人员的签字，才能送交董事会。

公司除了在投资和财务方面牢牢地掌握住大权，但在别的方面却实行了分权。该公司的管理者认为，大的企业，其管理者不可能势必躬亲，分权制度可以减少管理者的工作压力，即使是小企业，其管理者也不可能事无巨细，统统揽在自己一人身上，也必须给下属分权，让下属发挥其聪明才智，为企业出谋划策，促进企业的发展。

因此，该公司的每一家分公司都自成一个利润中心，都有自己的损益报表，各事业部的经理对其管辖的领域都享有充分的决策权，同时他们也尽量把权力授予下级，充分发挥分权制度的最佳效果。

统盛·普连德公司实行分权管理制度后，调动了各分公司的积极性，生产蒸蒸日上，利润年年增加，获得了相当大的成功。

"大权独揽，小权分散"是统盛·普连德公司实行分权管理制度的成功经验，也是现代企业管理中实行的一项有效办法。公司的要害部门要直属，公司的关键大权要掌握在自己手里。其余的权力能放则放，这样，上下级劳逸平均，各得其所，也各安其职，个人的积极性、创造性就调动起来了，同时又不会发生权力危机。

一个高明的管理者，其高明之处就在于善于授权。授权不是交权，也不是大权旁落，而是在明确了下级必须承担的各项责任之后，授予相应的权力。从而使每一个层次的人员司其职、尽其责，使其智、成其事。

第 26 章

戴尔电脑公司

戴尔公司于1984年由迈克尔·戴尔创立。他是目前计算机行业内任期最长的首席执行官。戴尔公司是一家总部位于美国得克萨斯州朗德罗克的世界500强企业。创立之初公司的名称是PC's Limited，1987年改为现在的名字。戴尔以生产、设计、销售家用以及办公室电脑而闻名，不过它同时也涉足高端电脑市场，生产与销售服务器、数据储存设备、网络设备等。戴尔的其他产品还包括PDA、软件、打印机等电脑周边产品。

1984年公司初创时注册资本为1000美元，是得克萨斯州法律所规定的最低额度。但是到2003年6月，戴尔的市值已经达到800亿美元，营业额则达到310亿美元。

让每个员工都纳入全局

作为一个工作中的个体，只有把自己融入到整个全局之中，凭借全局的力量，才能把自己不能独立完成的棘手的问题解决好。当你来到一个新的单位，你的上司很可能会分配给你一个你难以独立完成的工作。明智且能获得成功的捷径就是把自己的工作融入全局。上司这样做的目的可能就是要考察你的全局精神，他要知道的仅仅是你是否善于把自己的工作融入全局。如果你不言不语，一个人费劲地摸索，最后的结果很可能是死路一条。

在同一个办公室里，同事之间有着密切的联系，谁也不能脱离群体单独地存在。依靠群体的力量，做合适的工作而又成功的人，不仅是个人的成功，同时也是整个团队的成功。相反，明知自己没有独立完成的能力，却被个人欲望或感情所驱使，去做一个你根本无法胜任的工作，那么失败几乎是可以肯定的。而且还不仅是你个人的失败，同时也会牵连到周围的人，进而影响到整个公司。

由此不难看出，一个团队、一个集体，对一个人的影响十分巨大。善于合作、有全局意识的人，整个全局也能带给他无穷的收益。一个个体要想在工作中快速成长，就必须把自己的工作纳入全局、依靠集体的力量来提升自己。

在企业里，任何一个员工的工作都不是孤立的，而是企业整体目标的一部分。员工只是明确企业的整体目标，并不足以成为他积极主动工作的全部动力。因为员工的工作是具体细致的，他只被要求做好某一范围内的工作，如果他只是努力完成自己手头的工作，而不知道自己的工作对于整体目标有什么意义，也不知道整体的目标和自己的工作之间有怎样的联系，就只能使他对整体目标无动于衷，甚至轻视自己的工作，认为自己的工作无足轻重。

美国一家咨询公司曾经对与员工工作效率高低的相关因素进行过专题研究。在研究中发现，员工在工作过程中最关心的问题共有12个，其中"我知道对我的工作要求吗？"和"公司的使命目标使我觉得我的工作重要吗？"这两个问题受员工关注的程度最高。可见，每一位员工都想知道自己的工作对于整体目标的完成有着怎样的影响。员工只有认识到自己工作的重要性，才能够充分挖掘出员工的潜能。当员工充分理解并支持企业的整体目标后，才能够树立全局的观念，为完成整体目标而努力，而不是只完成自己手头的工作。在自己的个人工作和整体目标出现矛盾和分歧时，就能够对自己的工作作出牺牲以适应整体需要。

让每一位员工明确自己的工作对于整体目标的意义十分重要。每一个员工都应该理解并支持企业的整体目标，当每一位员工都拥有全局观念并为企业整体利益而努力时，企业就拥有强大的凝聚力，从而能够持续发展。一旦全体员工确立了全局观念，员工之间便会更容易建立信任和谅解的关系。当大家为同一个目标努力奋斗的时候，就能够焕发出集体观念和强大的工作热情，形成归属感和彼此认同感，每一位员工都会愿意为整体利益付出自己最大的努力。而且员工之间也能够互相帮助，团结协作。在这样一个充满信任和彼此认同的环境中工作，员工之间就会建立起最亲密的关系，即使工作中有了矛盾和分歧，大家也会为了整体利益而尽力协调好。

在世界知名的戴尔电脑公司，管理者将全局观念灌输到了每一位员工的思维之中。他们鼓励自己的员工不断提出问题，并认真聆听意见。这使得他们的团队成为了一个不断学习的团队。团队成员之间彼此信任，团结协作。戴尔还通过在全公司各部门间询问同样的问题，比较其结果的异同的方法来进行学习，这让每一位员工都能分享企业内部的集体智慧。如果某一小组在中型市场创下佳绩，他们的经验会被传播给全世界的分公司内的员工，而如果另一个小组掌握了在大型超市内进行销售的方法，他们的想法也会与整个企业内部的所有员工进行分享。这样的全局协作的观念，使戴尔的任何一位员工都认为自己是整体的一员，并最终使戴尔公司成为一个全球性的大公司。

在工作遇到问题时，戴尔的员工也知道自己并不是单打独斗。他自己是问题的一部分，也是为问题提供解决方案的一分子。他们可以向大家说：我们知道有一个问题，但是对于到底是怎么回事我们也不确定。他们可以要求协助，尤其是在这个问题牵涉部门或人员较多时。而且他们确信自己会得到帮助，因为在全局观念的领导下，任何一个其他部门的员工都会向他们伸出援助之手，他们会互相信任而不是互相指责。正是在这种观念的领导下，戴尔才取得如此卓越的成绩。

员工具备全局观念有助于协调各部门的矛盾，更好地应对市场环境中的种种变化，提高工作技能和工作效率，从而使整个企业取得和谐发展的强大动力。事实上，一个人的成功不是真正的成功，全局的成功才是最大的成功。对每一个上班族来说，谦虚、自信、诚信、善于沟通、团队精神等一些传统美德是非常重要的。全局精神在一个公司，在一个人的事业发展中都是不容忽视的。所以，每一个员工都应该培养把自己的工作纳入全局的意识。

● 第 27 章 ●

耐克公司

耐克公司由比尔·鲍尔曼于1962年创办，总部位于美国俄勒冈州。该公司生产的体育用品包罗万象：服装、鞋类、运动器材等等。2002财年，公司的营业收入达到了创纪录的49.8亿美元，比2001财年增长2%。耐克公司用自身骄人的业绩印证着其创始人比尔·鲍尔曼曾说过的一句话："只要你拥有身躯，你就是一名运动员。而只要世界上有运动员，耐克公司就会不断发展壮大。"

做正确的事与正确地做事

正确地做事，更要做正确的事，这是一个有效提高工作效率和效能的重要方法，更是一种重要的管理思想。无论何时何地，对于任何人或者组织而言，"做正确的事"远比"正确地做事"重要。对企业的生存和发展而言，"做正确的事"是由企业战略来解决的，"正确地做事"则是执行问题。只要你做的是正确的事，即使执行中有一些偏差，其结果也不会致命；但如果你做的是错误的事情，即使执行得完美无缺，其结果也注定是错误的。

杜拉克说："做正确的事远比正确地做事重要。如果以极高的效率去做本来就不该做的事情，最徒劳无益的工作也莫过于此。"所谓做正确的事，强调的是事情本身的正确性，是追求效果；而正确地做事强调的是做事的方法的正确性，是追求效率。显然做正确的事远比正确地做事来得重要。我们看一看耐克公司在管理方面是如何"做正确事"的。

许多人都知道，世界著名的运动品牌公司Nike（耐克）于2005年主办了街头篮球争霸赛者。这个公司的标志"飞天勾勾"是速度、年轻、时尚、品质、运动的象征。纳克公司何以如此？耐克公司的管理阶层认为应该归功于他们优秀的员工。现在人才竞争十分激烈，耐克公司又是凭借什么吸引优秀人才呢？其实耐克公司最大的优势是用品牌魅力以及其独一无二的企业文化吸引优秀人才,然后给最优秀人才最好的环境。因为一个优秀的人才自然希望把有限的精力投入到做实事、提升自我价值上,这就需要人与人之间能够相互信任,而不是把时间浪费在处理复杂的人际关系、应付人为的繁琐的流程报告上。

好的企业文化才能造就良好的工作环境,这一点体现于日常工作中的点点滴滴,比如说"弹性工作制"。作为一家以运动系列产品驰名的公司,耐克首先希望自己的员工身体健康,倡导的是工作与生活平衡的理念,所以耐克公司不提倡加班。耐克管理层认为如果员工总是加班,说明我们的管理层在是否用对人方面或是人员配置和工作量的把握上出了问题。耐克希望员工能自我调节,很好地平衡工作与生活的关系。公司的"首席执行官"一下班就第一个回家了,几乎没有过留在办公室里加班的情况。尽管有些时候他可能把工作带回家去做,但他下班就带头离开办公室的做法是一种姿态,意思是告诉员工,公司并不要他们牺牲生活提供服务。其实,任何人都一样,除特殊情况不得已外,没有任何员工愿意加班,由此可见耐克公司的管理绝对人性化。

提倡简单方法做最正确事一直是耐克公司的管理理念,其实这种理念也符合杜拉克的思想:"有效的管理者知道时间是他最为珍贵的资源,必须极为仔细地使用它。"生命太短暂,竞争太激烈,没时间去毫无意义地争辩。用最简单的方法做正确的事并达成目标是耐克人的追求。很多时候,一件事情牵扯到好多个部门,而每个部门都有各自的意见,这样的情况往往会几个来回地讨论都无法达成共识。遇到这种情况,耐克员工习惯于在往来的邮件签名下方附上一段简短的话,以提醒自己和同事不要纠缠在不同意见中,赶紧求大同解决问题的方法。这种深入员工心中的自觉意识帮助耐克提高了工作效率。再比如,耐克经常用的面试方式不同于其他公司,这一轮人事资源经理把关看素质,那一轮业务部门经理看专业能力;他们不是分成几次面试,但是为了保证客观全面,由人事部经理、业务主管、该部门员工、老板组成一个面试团，一次性完成。这样对公司也好，对应聘对象也好，都会节省时间，而且不会太疲惫。

耐克公司做正确事的管理理念还给了员工发挥创造力的最大空间。在耐克公司绝对不会有人说：你不在这个位置上，这事你不要做。只有你认为这件事是正确的，那么你就可以大胆提出建议，积极参与和承担责任。在耐克公司你会觉得周围充满了机会，所以，你就会工作得很开心，并且能发挥出自己最大的潜力，使自己觉得每天都有新的想法可以去实践。耐克公司还专注于员工卓越的想法和实践，鼓励员工自己做决定，激发其创造性和无穷潜能。这点在市场部门和销售部门尤为显著。耐克公司的上级在给下级任务之后，不会过分干预或监督员工做事，员工可以最大发挥自己的主动性，可以独辟蹊径地去完成，甚至可以提出意见或建议，找到更好的途径获得更佳的结果，而上级只会在适当的时候为下级提供支持与帮助。

做正确的事是事情的本身正确，是做事的方向正确，而正确做事是指事情的过程。杜拉克还告诫人们："我们不一定知道正确的道路是什么，但却不要在错误的道路上走得太远。"作为管理者一定要先确定事情的正确性，然后再正确地去做。如果你不能确定一件事的正确与否，就一定不要盲目地去做。

随着时代的进步，管理也在不停地向前发展。作为一个现代的管理者，一定要相信"做正确的事比正确地做事更重要"这个重要的真理。因为"正确的事"，是企业成功与否的根本。

任何一个企业发展到一定规模，或生存环境发生变化时，都不得不进行发展战略的重新选择和调整。这时，做正确事就显得尤为重要。在这生死攸关的转折点上，管理者不光要做好管理，让客户享受到上帝般的服务，更重要的是关注企业的自身命运，让企业立于不败之地，给客户带来长期稳定的服务。

正确地做事不再是一味地例行公事。正确地做事也不是被动的、机械的工作方式，更不是制度的奴隶。正确地做事并不是只对上司负责，对流程负责，也不是对领导绝对的服从，不知变通。那种不求有功、但求无过，不思进取、安于现状，做一天和尚撞一天钟的工作方式，那是在混日子，而绝不是在正确地做事。

正确地做事应该是积极主动的，为实现目标而最大限度地发挥主观能动性的一种社会活动。从一开始时就为最终目标去做事，这是做正确的事的有力保障。在开始做事之前，只要明确了最终目标，就会使我们逐步形成一种良好的工作方法，养成一种理性的判断能力和工作习惯，就有可能使我们迈出的每一步都是正确的。

第 28 章

蒙牛乳业集团

蒙牛乳业（集团）股份有限公司（简称蒙牛乳业集团）成立于1999年初，总部设在中国乳都核心区——内蒙古呼和浩特市和林格尔县盛乐经济园区，拥有总资产超过100多亿元，职工近3万人，乳制品年生产能力达600万吨。包括和林基地在内，蒙牛乳业集团已在全国多个省市区建立20多个生产基地，拥有液态奶、酸奶、冰淇淋、奶品、奶酪五大系列400多个品项，产品以其优良的品质覆盖国内市场，并出口到美国、加拿大、蒙古、东南亚及港澳等国家和地区。

战略决策要有大思路

一句"人生难得几回搏"的名言，不知激发了多少人的雄心壮志，遗憾的是，许多人只是摆出了"决战人生"的姿态，终其一生也没有干成一件大事。其实，这些人不是没有才能，也不是缺乏机会，而是缺少敢于亲自实践奋斗、勇冒风险的胆识，成了"语言的巨人，行动的矮子"。

做人要有远大的理想和抱负，要有勇气去探索和实践未知的领域。做企业也是如此。"胆子有多大，你就能走多远"，这不是一句空话，而是有其实际意义的。

2001年9月，牛根生高调制定了一个未来"五年计划"，将2006年的销售目标锁定为100亿元。此目标一出，舆论沸腾，大家都以为老牛又再搞大跃进。因为蒙牛2000年的销售收入不到3亿元，2001年前三季度也只做到5亿元左右的样子。家底如此之薄，怎么可能做到5年"放卫星"到100亿元，这相当于中国乳业2000年总销售收入的半壁江山呢？

最后的结论是，大家都很理性地认为这个目标"太夸张"。而牛根生却力排众议，他说："这也是我当总裁'胆子小'，如果换了别人当总裁，那可能就不是100亿元，而是200亿元！"在一片怀疑声中，牛根生耐心地做董事们的工作，做高层管理人员们的工作，勉勉强强，大家通过了这

第28章
蒙牛乳业集团

个"五年计划"。

然而到了 2002 年,当蒙牛销售收入达到 16.7 亿元的时候,大家才开始真正信服牛根生的眼光。到了 2004 年,蒙牛销售收入已经蹿升到了 72.138 亿元。这时候,大家又仿佛觉得当初定的计划"偏小"了。

还是在 2001 年的下半年,组建才两年的蒙牛在自己的管理层组建了考察队伍,他们的澳大利亚、新西兰之行,点燃了打造全球样板工厂的一个导火索。在新西兰,管理层清晰地看到,是乳业支撑了这个国家。这更加坚定了他们早些时候提出的建设"中国乳都"的决心和野心。于是,一个伟大的梦想产生了:把由呼和浩特通向盛乐经济园区的 209 国道两侧,变成一望无垠的"人工草原"。澳新之行后,蒙牛初步定下了建设"千吨工厂"的思路。

这在中国乳业中是史无前例的。"千吨工厂"做什么?这是关键的一步,如果实施得不好,就会造成浪费。几经讨论,最终方案定位于生产液体奶,同时,在"千吨工厂"思路的基础上又明确了一条:我们要建的是"全球样板工厂"。

从 2002 年开始,蒙牛分三期建成了目前全球放置生产线数量最多、日处理鲜奶能力最大、智能化程度最高的单体车间,引进世界上最先进的设备和技术,拥有全国乳品行业容量最大、自动化程度最高的立体智能仓库,被国际著名牛奶设备制造商利乐公司称为"全球样板工厂"。

蒙牛乳业股份有限公司的三期建设项目工程总投资 5.6 亿元,占地面积 16 万平方米。整个车间完全按照国际 GMP 和 HACCP 的标准进行设计和安装,共放置 20 多条液体奶生产线,日处理鲜奶 1000 余吨。该生产线采用的是目前世界上最先进的 ALFAST 标准化闪蒸系统,可以将牛奶脂肪含量精确到 0.1 以下,提高牛奶的乳固体含量,保证牛奶口感的均匀、稳定,不受季节影响。

"三期工程"中还包括拥有 18000 个货位和可储存 14400 吨牛奶的自

动化立体智能仓库。仓库完全采用计算机自动化管理，所有货物的入库、调配与出库均通过人机对话操控，实现无人化管理，只要入库货物的资料输入准确无误，所有出库货物绝对遵循"先进先出"原则，准确到达指定位置。

在气魄宏伟的大型智能化仓库前，牛根生自豪地告诉利乐首席执行官耐克·谢雷伯尔："这个仓库有18000多个货位，可容纳14000吨牛奶，24小时智能化操控，不用人工。像这样的仓库，中国目前有五个，前四个都是放导弹的！"客人们闻言大笑。

"三期工程"的收奶系统也是目前国内智能化程度最高、设计最科学的，所有罐体上均设有液位传感、温度传感等监控装置，所产生的数据直接反馈到中控系统，由计算机自动识别进行操控。

蒙牛的迅速崛起带动了内蒙古乳业的发展。虽然全国乳业生产普遍呈持续增长态势，但内蒙古的增长速度却比全国平均增速高出近6倍，鲜奶增长量已超过全国增量的1/10，这样的速度在中国乳业史上闻所未闻。

很显然，如果没有当初的气概和几乎不可能实现的目标，蒙牛几年来的资源配置结构就不可能那样"气派"，那样富有"吞吐性"——会不会盖全球样板工厂，会不会建国际示范牧场，会不会放眼华尔街携手摩根，会不会开拓香港市场并最终上市——所有这一切，虽然不好做一般性的评述，但有一点可以肯定："有准备的仗"和"没准备的仗"，一定会是两种完全不同的打法。

因此，有句话常常被蒙牛人挂在嘴上："有信心不一定赢，但没有信心一定会输；有行动不一定赢，但没有行动一定会输。"而今天，蒙牛有理由再补上一句：有目标不一定赢，但没有目标一定会输。

蒙牛远大的发展战略可以从蒙牛的一些营销策略中看出来，蒙牛的广告定位从1999年就很清晰，所有的广告，哪怕是5秒钟的广告，后面结尾的时候都是"蒙牛乳业"。这样做向消费者传递的主要信息是蒙牛就是专业做乳制品的一个企业，反映了蒙牛要做成百年乳品老店的战略目标，企业发展的强烈愿景对于企业未来的成长至关重要。

  当你确定了一个遥远的目标并为之努力的时候，这时的你已经具有了一种无坚不摧的力量。但同时，若心中的目标很小，则收获的希望也很小；若心中的目标很大，则收获的希望会更大。不要顾忌专家们口中的"不可能"，放手去干就是了，成功永远属于那些胸怀大志的人。只要有信心，只要不断进取，即使表面看起来不可能的事情，也会变得轻而易举。牛根生和他的蒙牛企业的成功就是一个很好的例子。

• 第 29 章 •

长江实业集团

长江实业（集团）有限公司，简称长实，为长江集团的旗舰。长江集团是一家建基香港的跨国企业，集团成员包括四家同为恒生指数成份股的上市公司：长实、和记黄埔有限公司、长江基建集团有限公司、香港电灯集团有限公司，以及在香联合交易所创业板上市的长江生命科技集团有限公司和 TOM 集团有限公司。截至 2004 年 5 月 5 日，长江集团的联合市值为 4610 亿港元，占香港股票市场总市值约 9.4%。

长实是一家地产发展及策略性投资公司。长实为香港规模最大的地产发展商之一，在本港拥有一系列的住宅及工商物业。在香港的每 12 个私人住宅单位中，便有 1 个为长实发展。为了达到为客户提供优质生活的目标，长实一贯的政策在于不断提升质素及推陈出新，以迎合地产市场上日新月异的需求及潮流。

无为而治是管理的最高境界

李嘉诚一生最重要的商业行动之一便是收购和记黄埔，可以说没有和记黄埔，便没有今天的华人首富李嘉诚；没有和记黄埔，李嘉诚的发展不会如此迅速，和记黄埔是李嘉诚商业王冠上的一颗明珠。收购和记黄埔，李嘉诚蛇吞大象，实现了质的飞跃。

李嘉诚在九龙仓争夺战中把球抛给包玉刚后，便退出角逐而将目标瞄准了另一家英资洋行——和记黄埔。

和黄集团是由和记洋行和黄埔船坞两大部分组成。和黄不仅是当时香港第二大洋行，还是香港十大财团所控制的最大上市公司。和记洋行于 1860 年成立，黄埔船坞则可追溯到 1843 年。经过 100 多年的发展壮大，和记黄埔已变成资产雄厚、规模庞大的商业巨无霸。但是，和记黄埔在 1973 年受到了股市大灾和世界性石油危机以及连带香港地产大滑坡的严重影响，加上和黄主人祈德尊家族经营不善，陷进了财政泥潭，接连两个财政年度亏损近2亿港元。因此，两年后，汇丰银行注资1.5亿港元解救，条件是和记出让33.65%的股权。汇丰便成为和记集团的最大股东，黄埔公司也由此而脱离和记集团。和记成了一家非家族性集团公司。

1977年9月，和记又一次与黄埔合并，定名后为"和记黄埔（集团）有限公司"。就在这时汇丰表示，等和黄经济转好，将会出让大部分股份。其实，早在李嘉诚盯上九龙仓的同时，也垂青上和记黄埔。在退出九龙仓之战后必然会全力吞并和黄。这也是李嘉诚最大的心愿。李嘉诚一直密切关注和黄的发展。与九龙仓一样，他通过充分的研究和分析，确定这是一家极具发展潜力只是目前经营不善的集团公司。另外，李嘉诚也发觉汇丰要出让和黄股份。因为汇丰不想作为香港金融至尊而背上"银行操作企业"的坏名声。这一点对李嘉诚来说极为有利。事实上，李嘉诚知道汇丰一直在等待适当机会和合适人选出售和黄股权。

于是，在1978年的九龙仓大战中，当汇丰大班沈弼出面规劝李嘉诚时，李嘉诚果断地放弃九龙仓控制权的争夺，借以与汇丰增进友谊，为下一步收购和黄埋下伏笔。这不能不说李嘉诚考虑问题的长远和缜密。之后，李嘉诚又频频与沈弼接触，二人交情日深。李嘉诚又进一步知道汇丰急需扩大自己实力，增强储备资金，也就是说，汇丰有可能急于抛出和黄股票。

就在一段交往中沈弼发现了李嘉诚的精明能干、诚实从商的作风及其如日中天的业绩。这就不能不说是缘分和运气了。此外，沈弼慧眼识珠，认定李嘉诚堪托大任，可以重振和黄。

原来，汇丰出售和黄股权，不是单纯地卖出股票套利，而是很希望和黄得遇明主，重振昔日雄风。这样，汇丰银行于1979年9月以每股7.1港元的价格，将其手中持有占22.4%的9000万和黄普通股售予长江实业。

当时，对汇丰的和黄股垂涎者甚众，但沈弼及汇丰根本没有考虑让别人角逐和竞争。汇丰让售李嘉诚的和黄普通股价格只有市价的一半，并且同意李嘉诚暂付 20% 的现金，对李嘉诚是优惠之极。这就是汇丰对李嘉诚的真诚回报。

紧接着，李嘉诚集中火力乘胜追击，继续在股市上大量吸纳和黄股票。

经过一年的全面吸纳，到 1980 年 11 月，李嘉诚成功地拥有 39.6% 的和记黄埔股权，控股权这时已十分牢固。

在 1981 年年初，李嘉诚正式成为香港第一位入主英资洋行的华人大班，同时被选为和记黄埔有限公司董事局主席，这时和黄集团也成为长江集团的旗下子公司。

在当时，长江实业实际资产是 6.93 亿港元，而和记黄埔的市价总值是 62 亿港元。李嘉诚以小搏大，以弱胜强，成功控制巨型集团和黄，难怪外界一致称为"蛇吞大象"。匪夷所思，难以置信，然而这又是不争的现实，难怪李嘉诚被冠以"超人"之誉。

李嘉诚在收购战中所表现出的作风，完全与包玉刚截然相反，包玉刚有着海派的气势，雷霆万钧，重锤出击与怡和系殊死抵抗，必然受到重创。

而李嘉诚在收购和黄时则是和风细雨，兵不血刃，其间并没有遇到和黄大班韦理组织的反收购，李嘉诚顺理成章地成为入主英资洋行第一人。兼并和黄，既是长实扩张发展的里程碑，又是英资财团地位开始下降、华资财团迅速崛起的转折点。

刚进入和黄的李嘉诚只是执行董事。按常规，大股东完全可以凌驾于支薪性质的董事局主席之上。李嘉诚却并未在韦理面前流露出"实质性老板"的意思。李嘉诚在和黄为董事局主席期间并没有行使自己所控的股权来发挥作用。李嘉诚没有这样做，他的谦让使众董事与管理层对他更加尊重。李嘉诚总是能在关键时候采取欲擒故纵，采用低姿态换来别人的敬重，然后翻马而上。在决策会议上，李嘉诚总是以商议的建议的口吻发言。而实际上,他的建议许多时候就是决策——大家都慢慢地信服他。韦理大权旁落,李嘉诚虽然未任主席,已开始主攻。后来,在股东大会上,众股东一致推选李嘉诚为董事局主席,可谓顺风顺水。

李嘉诚明白"退一步海阔天空"的道理,深谙"以和为贵""以退为进""以让为盈"的战略策略,这与中国古代的"无为而治"的作用异曲同工。

● 第 30 章 ●

TCL 公司

TCL集团股份有限公司创办于1981年,是一家从事家电、信息、通讯、电工产品研发、生产及销售,集技、工、贸为一体的特大型国有控股企业。经过20多年的发展,TCL集团现已形成了以王牌彩电为代表的家电、通讯、信息、电工四大产品系列,并开始实施以王牌彩电为龙头的视频产品和以手机为代表的移动通信终端产品的发展来拉动企业增长的战略。

TCL涉及的家电、通讯、信息、电工几大主导产品都居国内同行前列。2001年,TCL集团销售总额211亿元,利润7.15亿元,税金10.8亿元,出口创汇7.16亿美元,在全国电子信息百强企业中列第6位,是国家重点扶持的大型企业之一。2009年,TCL品牌价值417.38亿元人民币,蝉联中国彩电业的第一品牌。

以合求大方能求到大

TCL集团是集通信、电子、地产贸易等多种业务于一体,以通信和电子为主的大型企业集团。TCL王牌彩电使早先的TCL集团一飞冲天,探究其奥秘,该公司采取的策略联盟手段是其中的一个关键因素。策略联盟是一种正在世界范围内成为潮流的企业经营管理手段,它是指几家拥有不同关键资源的公司进行联盟,交换彼此的资源以创造竞争优势。

早在TCL公司发展之初,公司决策者就制定出"品牌优先"的战略,后来的事实证明,这是一个极富远见的决策,甚至可以毫不夸张地说,品牌奠定了TCL集团日后大发展的基础,也直接催生了TCL王牌彩电。

在掌握了品牌这样的关键性资源后,TCL选择了相对稳健的策略联盟,其联盟的伙伴就是香港长城公司。

设在惠州的香港长城公司是一个彩电生产基地,成立于1990年,没有内销指标,只是按境外来料加工的订单进行生产,到1993年其生产能力已达到年产 80 万台。由于没有品牌，长城公司在销售上陷入了被动局面。1993 年，当国内彩电生产进入超饱和状态时，长城公司的订单已少到难以维持的程度。长城公司和 TCL 公司的合作对于双方都十分必要。在 1993 年，两家与陕西咸阳彩虹集团共同成立了"惠州彩虹电子有限公司"，由 TCL、长城和咸阳彩虹集团三家合资，各占相同的股权。之所以邀请彩虹集团加入，是因为咸阳彩虹的优势就是有一张彩电生产许可证。因为无论是 TCL 还是香港长城，都没有内销的资格。咸阳彩虹的加入使这一策略联盟更为典型，三家各展所长，共同获利。

TCL 人在完成策略联盟后便开始开拓市场，他们勇敢地预测大屏幕彩电将是中国下一代彩电竞争的焦点，他们在分析了国内外彩电厂商在中国市场上的竞争态势后认为，对于包括 TCL 在内的中国彩电厂商来说，大家一起做大屏幕，就等于都站在同一条起跑线上。

当时具有这种超前意识的不只 TCL，许多彩电生产商都开始进行大屏幕彩电的开发工作。一家著名企业很快就完成了大屏幕彩电基本功能的开发工作，却迟迟没能批量投产，他们要做到更好，但精益求精有时候也会丧失市场商机。

"而当时我们的目标是，功能再简单也要把大屏幕彩电做出来。"TCL 老总说，"在中国你要全制式干什么？要丽音干什么？我们把能够减掉的功能尽量减掉。价格降下来，消费者就能接受。满足他们的需求是一步步来的。"在这一原则下，TCL 王牌早在 1993 年上半年就开始推出功能简单的"TCL 王牌"大屏幕彩电，29 吋彩电的市场价格在 6000 元左右，到 1993 年年底已经售出十多万台。这一年，TCL 王牌总产量的 70% 都是大屏幕彩电，一开始就明确了以大屏幕彩电为主的经营方向。

与香港长城的合作中，TCL 除对产品品质的关键环节有所监控外，一心致力于"TCL 王牌"的品牌推广和市场销售。而生产环节基本上是由富有生产管理经验的香港长城公司负责。这种分工极有利于双方在联盟中各自发挥优势。

　　当竞争加剧，企业为增强自身的竞争力，大都会有如此的强强联手。它们通过策略联盟形成竞争对手难以企及的实力，从而赢得市场先机。如索尼、爱立信的合并，惠普、康柏的并购，美国在线并购时代华纳等。这样的策略还能在很大的程度上弥补企业原有的劣势，有效整合各方资源，对于企业的发展有着极其重要的作用。

第 31 章

百事可乐公司

百事可乐公司于 1919 年成立。原名为洛夫特公司，1941 年改名为百事可乐股份公司，1965 年改为百事可乐公司。

百事可乐公司是美国最大的软性饮料公司之一，公司总部设在纽约市。公司附属机构近百个，主要有百事可乐饮料公司、弗利托—莱公司（快餐馆）、披萨餐馆（供应意大利式烘馅饼等）、北美运输公司和威尔逊体育用品公司等。该公司子公司分布很广，国内涉及 48 个州，国外涉及 100 多个国家和地区。

用谋略寻找市场

百事可乐公司于 1919 年诞生在美国纽约，专门从事百事可乐的生产和销售。第二次世界大战以后，百事可乐公司一直同举世闻名的可口可乐公司进行着激烈而持久的竞争。其经营范围已延伸到海外 134 个国家之中，全球有 30 亿人品尝过百事可乐，足见百事可乐的知名度之高了。

百事可乐公司的业务能够在战后迅速发展扩大，在很大程度上要归功于敢于与可口可乐争天下的董事长唐纳德·肯特。肯特寻找与可口可乐竞争的市场，初露锋芒，在苏联市场站住了脚。

唐纳德·肯特在二战后投身百事可乐公司，开始时只是一名默默无闻的小推销员。当时，百事可乐的销售量不仅在美国国内市场无法和可口可乐相比，而且在海外市场大多数也已被可口可乐捷足先登了。肯特看到百事可乐处于这种形势，心中非常着急，不顾自己职位低微，毅然向公司建议开拓海外市场。他一方面实地勘察许多国家企业的经营方式，一方面以在战场上学到的"冲刺精神"拼命工作。尽管可口可乐已在市场上称霸多时，但是仍然有许多国家和地区还是"真空地带"，尤其是苏联、中国及亚洲和非洲的很多国家，都是可供百事可乐施展的广大空间。因此，肯特一直在动脑筋，开发苏联市场。

第31章
百事可乐公司

机会终于来了，1959年，美国博览会在莫斯科召开。当时任美国副总统的尼克松与肯特的私人关系甚笃，肯特利用这种特殊的关系，请求尼克松在博览会上"想办法让苏联领导人赫鲁晓夫喝一杯百事可乐"。也许尼克松事先同赫鲁晓夫打过招呼，因此，在各国记者的镁光灯面前，赫鲁晓夫手拿百事可乐瓶，作出一副非常满意的表情，任记者拍照，这样一来，对百事可乐公司来说，无疑是一个特殊的、影响力最大的广告，对于扩大百事可乐在苏联市场的销售起到了很大的推动作用，百事可乐终于在苏联站住了脚。事业上的成功使肯特在公司中脱颖而出，不久肯特就任百事可乐公司海外部副经理，5年以后，由于事业上的不断成功，他又被升为经理。

百事可乐独霸苏联市场，圆了肯特多年的梦。百事可乐虽已打入苏联市场，但肯特没有因此而满足，他认为，百事可乐进军苏联仅是刚刚起步，他最大的愿望是，在苏联建立百事可乐工厂，而且垄断苏联的销售。肯特为实现其目标而不懈努力。1975年，终于了却了他多年的心愿：百事可乐公司以为苏联销售伏特加酒为交换条件，取得了在苏联建立百事可乐生产工厂并垄断销售的权利。美国各家报纸以头条新闻报道了百事可乐公司在苏联取得成功的消息，标题竟是《美国资本在苏联正式登陆》。百事可乐是美国第一个闯进苏联的私人企业，肯特终于实现了他多年的梦想，同时给可口可乐公司迎头痛击。不久，肯特登上了百事可乐的顶峰，担任了董事长兼经营的最高负责人。

游说尼克松，赢得赫鲁晓夫的亲口赞扬，这种笑傲王侯的大策划，恐怕惟有肯特这样的策划大师才能办得到。

第 32 章

拉塞尔·雷诺兹公司

拉塞尔·雷诺兹公司成立于1969年。总部设于美国纽约市的这家公司，拥有超过270名负责招聘的精英，在全世界有35家办事处。拉塞尔·雷诺兹公司专门为世界顶级公司招聘高层管理人员，这些公司包括ABC、美国职业橄榄球联盟、凯雷投资集团、联合技术公司，以及皇家安大略博物馆等。

尊重非正式的团队协作——自组织

在1911年，泰勒在《科学管理的原则》一书中提出：通过把工作程序细化成一系列简单的步骤，并测量、优化每个步骤，公司可以让工厂工人的效率大大提高。泰勒的科学方法是革命性的，与他同时代的公司中，那些迅速采用了他的观点，并把它们付诸实践的公司往往是最成功的。

他认为，员工本质是不可预测、不可靠的。正如他在《科学管理的原则》中宣称的："每个员工的工作所包含的科学是如此之多，即使那些很适合做这种工作的工人也没有能力完全了解这些科学。"管理者怀疑工人能否充分了解自己的工作，并能在正确的时间、用正确的方式做正确的事，因此这就需要一个新的雇员阶层来协调和指导他们的行为。几乎一夜之间，职业经理人在整个业界无处不在，他们通过工人的行为并对之进行评价，来对工人施加巨大的影响和控制。

等级制度仍然占据统治地位，这是妨碍新的精诚协作方式构筑的最大阻力。

只有产生新的工人阶层——知识型员工，有着类似于蚂蚁一样的自组织能力，方可以满足消费者对服务和创新的新需求、新期待。

随着技术变革的速度不断加快，企业改革的速度也在加快。在当今世界很少有什么可以确定，除了以下这点：如果一个组织不能对变化以及变化带来的市场机会产生足够快的反应，那么它将与成功失之交臂。

当今最成功的公司针对自身的优势采取变革,只要有新的挑战出现就立即作出反应,甚至能对市场、产品开发及资源需求的变化作出预测。可以理解的是,公司越来越多地需要借助于新的领导和管理模式,来帮助他们跟上不断加速的变化。密歇根大学商学院教授C.K.帕莱哈拉德曾经为诸如花旗集团、柯达公司、甲骨文这样的公司做过咨询。他说:"速度正在成为生存和发展的最重要的标准。这就需要尽可能上最接近业务的人作决策,并负有责任感。"

在信息经济社会,员工是公司最重要的竞争优势。那些能迅速调整,并学会如何开发、利用每个员工(无论这些员工担任何种职位)的才能和技术的公司才会笑到最后。

遗憾的是,许多组织不能迅速对市场的急剧变化作出调整。因为它们发现自己被陈腐的等级和森严的管理制度束缚住了,那些被僵化的政策、程序所困,并对员工的巨大潜能视而不见的公司,只能丧失竞争力。

在这种情况下,建立精诚协作方式,显得刻不容缓。精诚合作的特征之一便是:尊重非正式的团队协作——自组织。

在美国,虽然有上百家行政人员猎头公司,但很少有能与拉塞尔·雷诺兹公司相匹敌的。拉塞尔·雷诺兹公司的影响相当广泛,该公司的经营范围涵盖超过40种行业和业务,包括互联网、技术、媒体、膳食服务、医疗服务、金融服务、工业制造和销售。平均起来,拉塞尔·雷诺兹公司每年成功招聘3000人,其中40%的人被聘用为主席、行政总裁、首席运营官、首席金融官、首席信息官以及总监。他们所招聘的岗位超过50%都可拿到每年20多万美元的工资。

是什么使拉塞尔·雷诺兹公司持续发展并繁荣,并超过竞争对手呢?虽然该公司的成功有许多因素,但是该公司强调,非正式的团队协作——自组织,建立于坚定的个人责任和专长共享的基础上,这是至关重要的。通过强调、鼓励和奖励团队协作,拉塞尔·雷诺兹公司营造了一个独特的环境，在此环境里，员工努力互相帮助，竭尽所能地争取公司委托交办的工作。他们既相互独立，又相互联系，形成了一个充满生机的总体。

每周一的上午，在公司的每个办公室，拉塞尔·雷诺兹公司的员工都会开会讨论本星期的新任务，并打印、分发到每个人手中。这些会议能够产生促进并改善公司客户服务的新的想法、候选人和资源，同时让每名员工都得到寻求帮助的机会，以解决工作中的困难。大家通过分享有关要处理的工作信息，甭管好还是不好，为公司能够得到最后的成功增加了可能性。

拉塞尔·雷诺兹公司还鼓励召开定期的电话会议和经常性的临时会议，以利于不断为员工创造信息和经验共享的机会。与团队里其他成员的这些互动，成效显著。拉塞尔·雷诺兹公司投资管理部的负责人理查德·拉那曼指出："有些最好的想法和最快的行动，其实是我的同事们聚到一起集思广益的结果。"

员工优势是公司最重要的竞争优势。团结而有力的员工团队是振兴和繁荣一个企业的核心，而企业要提升核心竞争力，管理者就不要被陈腐的等级和森严的管理制度束缚住，被僵化的政策、程序所困，而对员工的巨大潜能视而不见，要对自组织作出迅速调整，量体裁衣，因地制宜，积极开发、利用每个员工的才能和技术，以每个员工的鲜明个性来共建企业的鲜明共性。

第 33 章

Google 公司

Google 公司于 1998 年 9 月 7 日创立，总部"Googleplex"位于美国加利福尼亚山景城。Google 创始人 Larry Page 和 Sergey Brin 在斯坦福大学的学生宿舍内共同开发了全新的在线搜索引擎，然后迅速传播给全球的信息搜索者。Google 目前被公认为是全球规模最大的搜索引擎，它提供了简单易用的免费服务。

2004 年 8 月 19 日，Google 公司的股票在纳斯达克（Nasdaq）上市，成为公有股份公司。2008 年，公司在全球有超过 16000 多名员工。在其创办人拉里·佩奇退下后，Novell 公司的前任行政总裁埃里克·施密特博士，成为了 Google 公司的行政总裁。

在 2007 年和 2008 年，Google 公司被《财富》杂志评为全球最适合工作的公司。

打破规则，大胆扩张

施密特是一向坚持向旧制度说不的企业家，他从来不怕颠覆既有的制度，他所做的每件事，都在不断试探能把成规打破到什么程度。

"Google 是不从流俗的公司。我们也不打算成为那样的公司。"2004 年 4 月 9 日，世界第一的网络搜索引擎 Google 终于下定决心，准备首次公开发行股票（IPO），施密特写了一封信给准投资人，开门见山地说了这么一句话。

如果你回顾这家公司和创办人的历史，再看它首次公开发行股票的风格，绝对不会感到惊讶。施密特从来不怕颠覆既有的制度，这次也不例外。Google 发行股票的过程，正是向已有制度的挑战。

施密特向美国证券管理委员会申报新股上市提交的文件，内容不只有法律术语，也包含老妪能解的通俗文字，充分流露 Google 那尽意随心、充满自信的豪言壮语。从字里行间，看得出这家公司是在以独树一帜的方

第 33 章
Google 公司

法，经营科技业规模最大和最具影响力的企业之一。

打开这份文件，首先跳入眼帘的，是创办人写的一封公开信，名称是"创办人的信"，副题为"给 Google 股东的'业主手册'"。里面强调他们推动股票公开上市的矛盾心情，并且表示，决心掌控公司的未来发展，即便可能疏离投资人，也在所不惜。

在这封不同一般、充满理想色彩的信中，施密特说："Google 这家股票未上市公司，整个演进过程，是以不同的方式管理的。"但是，"大众持股的企业标准结构，可能危及（管理阶层的）独立性和专一心思的客观性，而这是 Google 以前经营成功最重要的因素，我们认为这也是将来最根本的要素。"

因此，虽然 Google 是在电脑科学的神经中枢硅谷这块地方，运用新科技经营事业，却决心维持公司原有的独特性格，继续以老法子，像未上市企业那样经营。他们想到一种方法：设计双层股票结构，将股票分为 A、B 两类。向外部投资人公开发行的 A 类股，每股只有一票的投票权，管理阶层手上的 B 类股却能投十票。这么一来，持有约二分之一 B 类股的创办人，以及重要内部人，就算失去多数股权，也能持续掌控公司的命运。这种结构在股票公开上市公司中相当少见，也遭到主张优良公司治理者的责备。他们认为，大量权力集中在少数人手里，是不民主的做法。

但是特别附加的"业主手册"明白表示，Google 准备改写每一项规则，不把优良公司治理的公认传统标准，以及经营股票上市公司的许多基本准则放在心上。除了稀释新上市股票的投票权，他们也不重视财务季报；不会为了满足华尔街而"管理"单季的盈余数字；不玩粉饰账面，维持财务业绩稳定的游戏；不准备提供业绩预告，高层主管不会向分析师和投资人发布营业额和收益预测数字。这些话，清新得像芙蓉出水，尤其是在不少企业刻意操弄会计账目，将财务弄得晦涩难懂，上下其手蒙混盈余报告的当下。

· 261 ·

采用双层股票制的部分用意,是要确保 Google 不致屈服在常见的机构投资人施加的压力之下,只求短期的成果,忽视长远的发展。这是当代大部分股票公开上市公司经理人的梦魇。部分原因是用以维护创办人奇特的箴言:"不作恶"(Don't Be Evil)和"对世界尽一己之责"。

坚持"不作恶"的企业伦理道德,是 Google 的十大信条之一,它视之为十分重要的核心价值与策略,并在公开说明书中用一般企业的行为守则或使命声明难得一见的清晰语气,表达庄严的承诺。Google 在伦理道德方面的自律与承诺,大部分企业很难望其项背。

虽然历史不长,Google 却一肩挑起"让世界更美好"的使命。他们说:"搜索和整理世界上所有的信息,是极其重要的任务,应该由值得信赖和热心公益的公司去执行。我们相信,运转顺畅的社会,应该有充裕、自由和公正的渠道,取得高品质的信息。Google 因此对这个世界负有责任。"

所有重大的决策继续维持投票控制权,不怕牺牲短期的利益。为了经营一家"对世界做好事的公司",Google 将放长眼光,就算赚得 10 亿美元的长期计划只有 10% 的成功几率,也会无怨无悔,放手去做。

为了孕育创造力,施密特鼓励员工花 20% 的时间研究自己感兴趣的构想,而不是听命行事,做上级指定的项目。举世闻名的员工亲和文化,是不能让步和碰触的禁地。他会继续给员工优渥的福利,不愿意像许多公司着眼于改善盈余,大砍员工福利支出。

不少专家赞誉 Google 的"奇才们"背叛传统的思维。他们等于在企业丑闻和贪渎频传的污浊环境中,用优雅的语汇和鲜明的行动指责行之有年的种种不当做法。

可是"离经叛道"的想法,也可能吓跑传统投资人。施密特的目标,是建立一家有异于他人的公司,愿意牺牲漂亮的单季业绩引来的短期掌声,求取更长远的更大成功。所以,他几乎低声下气地忠告人们,不要随便把辛苦挣来的钱，购买短期内不可能大赚一票、看起来一文不值的股票，因为施密特不会向华尔街的短期压力低头。

新股上市申报书在许多方面，看起来像是摆脱窠臼的经营大计，洋溢着反既有制度的气息，却也处处显露出它是一家遵循古风的公司——业绩蒸蒸日上、经验丰富的管理团队紧控经营大权，不短视近利。传统与创新融合，乐观、理想、务实并存。变得愈多，却显得始终如一。

总之，Google堂而皇之地宣告："我们和别人不一样——而且比别人更好。"

管理创新企业的办法，就是你得让人对干的事情充满热情。这就是Google公司提供免费工作餐的原因之一。如果你解决了大家的吃饭问题，那么，你们就成了一家人。一家人要比一群员工更容易团结起来去干一件事。热情常常被管理层所遗忘，对一家创新企业来说，它增强了试验性，鼓励了承担风险，并使企业能够很快改变方向。热情要比钱更能激励人——这一条应当写在每间董事会会议室的墙上。

走多元化的发展道路

施密特认为决策将影响到整个行业，在经营Google公司时他发现，要想在行业当中永久立足，就要让自己的产品不断更新，向多元化发展。

在一般情况下，微软公司（Microsoft）或甲骨文公司（Oracle）在进入某个新兴市场时，总会公布一个宏大的战略和产品路线图，让公众充分了解。但Google公司的风格却与众不同。你会发现，Google公司忽然又在网上推出了测试版产品。有时候，这个测试版产品与市场上已有的同类产品相比几乎并没有太大的进步；有时候，尽管推出这类产品的市场扩张意图已经十分明显，但每个产品制定的目标却是非常单一明确，很难看出和公司的整体宏观战略有直接关系。施密特说过，公司不会制定整体的战略愿景,他还表示,"我们很高兴没有这样的战略。"其实,Google公司并不是没有完整的战略,只不过,它拥有的是一项特殊的战略——在众多感兴趣的领域进行创新,而不单单聚焦在一件事情上。

施密特一直坚持进入新的领域:推出Google Earth、与美国航空航天局(NASA)建立合作关系,发布Google Pack软件、进入VoIP领域,甚至扫描图书馆书籍等。

而说到其营收状况,Google公司的业务则可以分为三条线:56%来自Google网站的在线广告;43%来自其他网站和杂志的合作广告收入;其他渠道的收入占1%。也正是由于对在线广告的高度依赖,施密特斥资10亿美元,收购了美国在线公司(America Online,下称"AOL公司")5%的股份,目的就是保护AOL公司作为合作伙伴为公司带来的广告收入,避免其落入微软公司的阵营中。

显然,施密特希望走多元化的道路。施密特通过对dMarc广播公司的收购,显示出公司希望在传统广播和平面媒体上投放广告的战略意图。dMarc公司的运作模式是通过软件来实现广播广告的自动购买和投放,而这种方式正是施密特所喜欢的。施密特计划将此项业务整合到AdWords平台来投放互联网广告。那么,Google为此付出了多大的代价呢?施密特将支付1.02亿美元现金。如果收购的业务在未来3年中能够达到设定的目标,收购价格最高可能会是11亿美元——这一升值幅度非常可观。

施密特也在尝试平面媒体,它通过在《个人电脑》(PC Magazine)、《无限个人电脑》(Maximum PC)、《电子娱乐生活》(Budget Living)和《芝加哥太阳时报》(Chicago Sun-Times)等杂志上的小范围试验,为自己的客户投放广告。这样的合作带来的好处之一,就是能够充分利用合作伙伴的当地广告销售队伍,为客户创造价值。

Google公司广告销售战略部门负责人帕特里克·基恩(Patrick Keane)表示,公司目前将主要精力放在互联网、广播和平面媒体广告上。不过，他对公司前景的描述——为广告客户提供负责的、高效的、相关的和大量的服务，又不仅限于上述那些方面。

Google 公司推出的即时通讯和网络电话软件 Google Talk 是免费的，也没有加载广告。尽管通过 IP 电话推销广告听上去可能不那么诱人，但对于营销人员而言，任何新媒介，他们都是勇于尝试的。

有人警告称，施密特现在向互联网用户提供全世界范围内的信息的做法，既存在着机遇，也面临风险。施密特从用户那儿收集信息，并利用这些信息创造了财富。

Piper Jaffray 公司在一份报告中表示，与搜索相关的广告是在线广告业务中增长最快的部分，而 Google 公司正是这一市场无可争议的王者。市场研究公司 eMarketer 公司的数据显示，2005 年 Google 公司赢得了大约 70% 的付费搜索广告市场。

然而，施密特仍然要扩大业务领域。市场调研公司 Hoefer & Arnett 公司的分析师马丁·皮科宁（Martin Pyykkonen）强调说，尽管在线广告收入在雅虎公司的总收入中同样占到了很高的比例（85%），但在这些收入中，搜索广告和展示（品牌）广告两家公司各占半壁江山。eMarketer 公司透露，2005 年，雅虎公司在 129 亿美元的在线广告总量中，占有 28% 的市场份额。

"Google 公司需要加速进入展示广告市场。"费雷斯特市场调研公司（Forrester Research）分析师沙琳·李（Charlene Li）表示，"现在，Google 公司的广告客户，主要还是来自直接营销客户，而缺乏传统的品牌营销客户。显然，它还缺乏微软公司、雅虎公司和美国在线公司在这些领域中所拥有的专业知识和信誉。"

目前，两个最大的搜索广告竞争对手——雅虎公司和微软公司能否赶超 Google 公司，还难以预料，但毫无疑问的是，它们都会继续在这个领域展开竞争，力图超越对手。

施密特已经很好地把握了获得的机会，现在它需要更好地去把握。"搜索引擎广告的惊人增长大大超出了人们的预期，在这方面，Google公司的能力受到了低估。"花旗集团（Citigroup）分析师马克·马哈尼（Mark Mahney）表示，"但在一定程度上，大家还是希望看到Google公司在其他领域也能表现出这样的能力。"

Google公司提供企业搜索技术，就是希望有朝一日能够开发出一种平台来承载更多的Google公司服务，让广告接触到更多的人群——那些有工作、有经济能力的企业员工们。

对于Google公司而言，硬件就是通向网络的门户。如果在现有市场上销售传统PC，对公司来说没有任何意义。但是，通向网络的门户却是稀缺资源。在中国和印度，或者是发达国家居民的多媒体客厅，Google公司提供这样的门户就很有意义。人们经常会引用Google公司目标中"组织全世界的信息"这句话，但是人们常常会漏掉后半句"并使之在何时何地都能够轻易得到，而且发挥作用"。如果实现这个目标需要硬件支持，施密特就一定会这样去做。

如果你展示更好的广告，有时意味着少投放一些广告，收益反而更高。在研发计划中，20%的研发计划会失败，但管理者仍要保留冒大险、犯大错、不怕失败的斗志，愿意花钱推动新的尖端计划，即使短期盈余降低也在所不惜，以确保公司走在竞争对手的前头。

创造与分享价值

施密特坚持要让世界各地的芸芸众生，在Google简单清爽、干净利落、亲和友善的首页，敲进几个字，按下"输入"（Enter）键，马上取得学习和知识之钥。利用Google提供的服务，将成为一种文化现象和日常生活缺之不可的工具。

第33章
Google 公司

多年来，微软就像一个擂台挑战赛的擂主，击败了无数对手。凭微软这么多年来累积的实力，也许只有 Google 才有向其挑战的实力，施密特也许将成微软的最后挑战者，不成功，便成仁。

施密特就像深潜于海底的鲸群，以前没有露出海底，现在一露出海底则让微软大吃一惊。Googe 的崛起让微软一下子绷紧了某一根弦。

与微软在软件行业相同，Google 在搜索引擎市场上的地位已经近乎于垄断，这成了 Google 挑战微软的本钱。

施密特的理想，是"要为您提供网上最好的查询服务，促进全球信息的交流"（make the worlds information universally accessible and useful）。这句话翻译为"全球有效信息的组织者"，也就是"信息管家"的意思。施密特把"帮助用户了解及获得信息"当成了自己的使命。

不过，跟微软在人们心目中的"垄断、霸道，甚至邪恶"的形象相比，Google 似乎也好不了多少。庞大的市场占有率和巨大的品牌影响力，已经让 Google 感受到了一种"欲置之死地而后快"的敌意。

隐私保护主义者认为 Google 搜集、留存了太多的个人信息，担心个人隐私外泄；许多国家的文化机构（如图书馆）、新闻通讯社、电视台等，则担心 Google 搜索出自己的产品而免费供应给用户，从而切断自己的命脉；广告商则抱怨 Google 的搜索排名缺少透明度，担心搜索结果的显示顺序对自己造成不良影响。莲花创始人米奇·卡波尔（Mitch Kapor）就曾表示，更愿意支持 Nutch，因为 Nutch 采用开放源代码，其搜索过程和结果非常透明。

实际上，传统势力对一个新兴势力的扼杀从没有停止过。就像优良的种子一样，一些优秀者总是会在公平竞争的市场环境中涌现，并继而成为某个行业的主导力量。自从上次互联网泡沫破灭之后，Google 是近 10 年来最具领袖潜质的公司。过去，商业史上也曾出现过一个企业挽救一个产业的情形，而今天这种情况似乎要重新上演。就像微软之于软件行业，施密特完全有实力,也有希望催发一个新产业,并带动该产业向前行进。

另外,施密特与微软一样拥有对技术的狂热,这同样是一家领袖企业所必须具备的条件。Google是一家有理想的企业,施密特领导的公司文化就是"技术领先",整个公司以对技术的"传教士精神"而被人熟知。在这种精神指引下,Google追求与分享价值,也就是他们所标榜的"不作恶也能赚钱",有利可图但并非唯利是图。

在一定程度上,Google是家反商业的公司,这似乎违背了商业哲学,但由此却赢得了无数用户。技术实力使得Google有足够的底气作出自己的决定:坚定不移地拒绝在主页上做广告或链接到其他网页上。在网络泡沫时期,他们蔑视营销。他们通过口碑树立了自己价值达20亿美元的品牌。

不过,是公司就得赚钱,这是永恒不变的真理。尽管施密特确信Google的技术是搜索历史上一次巨大的飞跃,但对于如何将该技术转为商业运行,施密特陷入了茫然。当一家竞争对手在搜索结果中出售广告并大为赢利时,Google也开始了在搜索结果中加入广告的尝试。搜索无可比拟的技术优势为Google带来了大批的广告用户,受到了广告营销商一浪胜过一浪的追捧。

现在,Google已经像微软一样树大招风了。它在全球遭遇了许许多多的官司,更有雅虎、微软等竞争对手的挤压。不过,用户则希望Coogle能够坚持自己的文化,为用户带来更好的产品和服务。无论Google未来面临什么样的挑战,它都是创新者的一个很好的榜样。

Google之所以能获得技术的持久创新力,是因为Google公司所从事的主营业务——网络广告正在不断地扩展,从而使得Google在证券市场得到投资人的高度青睐。"让所有的客户登得起广告",施密特虽非这样说,但确实是这样做的。

在强手如云的网络广告市场中,当前的Google无疑将自己放置在了一个巧妙的位置。Google所创造出的临界物质将会被证明具有无与伦比的独特性，而且Google也许会在不久的将来成为网络广告产业当之无愧的霸主。可以肯定的是，后来居上的网络广告领军者Google或是其他的网络广告公司，一定会赶超早期的网络广告霸主eBay和传统的媒体广告，成为新的霸主。有多少钱将投入到低成本的网络广告市场？这是难以预料的，因为Google迅速崛起的神话表明，网络广告市场的潜力实在是难以估量的。

我们时刻面临着巨大的机遇，因此，管理者工作的组织方式，都是围绕着利用那些技术的非连续性来进行的。因此，管理者要花很多时间，努力确保企业能够经常抓住这些机遇。这是企业的竞争优势。必须做好准备，能够迅速转换工作重点，这样才能把主要精力用在开发新业务上，而不是用于盲目优化旧有业务。放手让技术人员去干，让他们把完成公司使命当作自己的事。